DIARIO DE UN VIAJERO DESESPERADO

DIARIO DE UN VIAJERO DESESPERADO

Charles R. Swindoll

EDITORIAL BETANIA

DIARIO DE UN VIAJERO DESESPERADO
Copyright © 1989 por la Editorial Betania
9200 S. Dadeland Blvd., Suite 209, Miami, FL 33156, E.U.A.

Publicado originalmente en inglés con el título de
LIVING ON THE RAGGED EDGE
Copyright © 1985 por Charles R. Swindoll
Publicado por Word, Incorporated
Irving, TX 75039, E.U.A.

Versión castellana: Juan Sánchez Araujo

ISBN 0-88113-046-X

Reservados todos los derechos.
Prohibida la reproducción total o parcial, ya sea mimeografiada o por otros medios, sin la previa autorización escrita de la Editorial Betania.

A menos que se indique lo contrario, todas las citas bíblicas fueron tomadas de la Versión Reina-Valera, revisión de 1960, © 1960 Sociedades Bíblicas Unidas.

Printed in U.S.A.

INDICE

1. Diario de un viaje desesperado 9
2. Persiguiendo el viento 19
3. Come, bebe y. . . ¿*qué más?* 37
4. Más kilómetros por mal camino 51
5. ¿Sabe usted en qué tiempo está?................... 67
6. Interludio de inusitado discernimiento 85
7. Confesiones de un cínico 99
8. El gañido solitario del jefe......................... 117
9. Uno más uno igual a supervivencia................. 137
10. Lo que todo adorador debería recordar.............. 153
11. Unas palabras directas al loco por el dinero 171
12. Los cortos años de una vida inútil.................. 187

INTRODUCCION

En el verano de 1983, comencé a predicar los domingos una serie de mensajes basados en *Eclesiastés*. Ya que era Salomón quien lo había escrito, yo sabía que tendría consejos sabios; y puesto que trataba de algunos temas esenciales de la vida pensé que tendría mucho que decirnos a los que vivimos en este acelerado mundo. Pero no podía imaginarme lo vasto que sería el alcance de su mensaje y la pertinencia de este en general. La respuesta que obtuvimos en nuestra iglesia fue extraordinaria; y luego en el otoño de 1984, mi esposa Cynthia decidió transmitir los mensajes grabados por la radio. Esa serie proporcionó tanta ayuda, que perdimos la cuenta de todos los que nos instaron a publicar los mensajes en forma de libro a fin de ayudar a las personas a enfrentarse a la vida tal como es; finalmente se ha cumplido esa petición.

—Charles R. Swindoll

1

DIARIO DE UN VIAJERO DESESPERADO

Según mi entender, nada vale la pena; todo es vano...
Desesperado, abandoné entonces el trabajo arduo, como respuesta a mi búsqueda de satisfacción. Pues aunque me pasara la vida en busca de sabiduría, conocimientos y habilidad, tendría que dejárselo todo a quien no se ha esforzado ni un día de su vida; éste hereda gratuitamente todos mis esfuerzos. Esto no sólo es necio sino injusto. Así que, ¿qué obtiene el hombre de toda su ardua labor? Días llenos de tristeza y dolor, y noches inquietas y amargas.

Otro grave problema he observado por doquier: se invierten los ahorros en negocios arriesgados que fracasan, y pronto no queda nada para dejar a los hijos. El que especula, pronto se halla en donde empezó: con las manos vacías.

—Paráfrasis de Eclesiastés, por el autor

Un cantante de música popular logró hace varios años un gran éxito con una canción que contaba una historia. Dicha historia tiene que ver con un hombre que anhela ser libre, que desea una vida sin preocupaciones como contratos que obligan y compromisos para toda la vida. A ese hombre le satisface pasar una noche o dos con una muchacha, pero que nadie lo importune hablando de relaciones permanentes; como dice otra conocida canción, él ha de "ser libre". Le basta con saber que tiene siempre "la puerta abierta" y "el camino expedito", eso es suficiente.

Entretejida en la letra de esa misma composición, hay una expresión interesante que se menciona una y otra vez y es "los caminos vecinales de mi memoria" que mantienen las cosas "suaves en mi mente". Mirando por encima del hombro y haciendo un gesto de indiferencia superficial, el vaquero rechaza todo intento de atarlo por parte de otros. Ni siquiera una esposa y una casa con hijos —ni *sus* hijos— pueden retenerlo. . . eso no sería "suave"; va en busca de otro sendero, de otro placer, de otro camino vecinal que le satisfaga de alguna forma. Uno llega a la conclusión de que ése hombre jamás encontrará lo que está buscando.

Hace poco medité acerca de esa letra, al estudiar la historia de otro hombre que hace otro tipo de "viaje". Se trata de William Least Heat Moon, que relata su "suave" jornada en su libro *Blue Highways* (Caminos azules). Aquello que cantaba el vaquero fue lo que hizo el escritor; partió en su furgoneta de media tonelada de capacidad a explorar el otro lado de los Estados Unidos del cual no se canta —esas diminutas aldeas y esos pueblos escondidos, enhebrados unos con otros en el mapa por líneas de color azul semejantes a hilos: Codicia, en Texas; Desocupación, en Alabama; Perdido, en Oregón; Desconocido, en Tennessee; Pruebe, en Mississippí; Allá voy, en California (sólo un poco más abajo de Jamás, en la misma dirección); y cientos de otros baches en el camino.

Según el mismo Moon admite, dejó "una generación que arrastra su propia locura e inutilidad" al partir "hacia el camino despejado en busca de lugares donde el cambio no fuera lo mismo que la ruina, y el tiempo, los hombres y los hechos se relacionaran entre sí".[1]

Ya sea por una canción que nos guste, o de un libro cuya lectura nos agrade, la mayoría hemos albergado pensamientos de seguir algunos de esos "caminos" vecinales. En casi la totalidad de los casos, dichos pensamientos se quedan en "el río de nuestra memoria"; pero en algunos, nos han pasado literalmente frente al parabrisas. Tales viajes (como la mayor parte de las vacaciones) por lo general parecen mejores en un sueño de lo que serían en realidad; sin embargo, bien dentro de los caminos vecinales de nuestra mente, pensamos que un recorrido de fantasía semejante nos satisfaría en cierto modo. Para muchos individuos, *cualquier* cosa supondría una mejora de la dolorosa realidad actual.

UN HOMBRE Y SU PERSPECTIVA

En cierta ocasión hubo un hombre que disponía del tiempo, el dinero y la energía necesarios para emprender tal viaje, no simplemente con la imaginación, sino en realidad; y tampoco por los caminos vecinales de su "memoria" mientras seguía las líneas azules de un mapa, antes bien en la vida misma. Como tenía "libertad para andar", y ya que nadie era capaz de impedírselo, no hubo nada que no probase; y podemos estar agradecidos de que llevara un diario detallado de su jornada el cual se encuentra disponible para que todos lo leamos.

Ese hombre se llamaba Salomón; y el diario que escribió es un libro de la Biblia: *Eclesiastés*, extraño nombre para una obra literaria, ¿verdad? Eclesiastés significa "predicador", o "uno que se dirige a la asamblea"; o si lo prefiere: el "orador de la casa" (la casa es símbolo de la vida misma). En este libro, Salomón nos habla a todos nosotros acerca de la vida en su totalidad.

Debería decirle previamente que el viaje que realizó ése hombre, en su mente, lo dejó desanimado, deprimido, desilusionado y perplejo; la mejor palabra es *vacío* (su término predilecto y que repite más a menudo para describir cómo se sentía). De hecho, el lema de Salomón aparece en el frontispicio de su diario: "Vanidad de vanidades... Vanidad de vanidades, todo es vanidad" (Eclesiastés 1:2).

Hoy diríamos: "una espiral de vapor, un soplo de aire, un agujero, un anillo vacío, cero... ¡nada!" Así describió Salomón lo que experimentaba *antes* de comenzar su viaje, *mientras* persistía en el mismo sin rendirse, y *después* que hubo acabado el viaje. Nada lo satisfizo. Ninguna cosa de las que había visto, descubierto, probado, producido, iniciado, o concluído en su larga búsqueda había sido de significación duradera, o dado como resultado alguna satisfacción personal.

Pero... un momento. Antes de permitirnos aceptar su conclusión desesperada y general, debemos preguntarnos por qué llegó a ella. ¿A qué se debía que fuera todo una rutina tan falta de sentido y vacía? ¿Por qué aquel hombre, el rey, que contaba con tan interminable cantidad de recursos financieros, no podía encontrar algo —*cualquier cosa*— que tuviera propósito?

Es un buen momento para aclarar la perspectiva de Salomón; especialmente porque se trata de la misma que la mayoría de la gente tiene hoy. Para citar su propio testimonio, dicha perspectiva se basa en lo que hay "debajo del sol". Vez tras vez

Salomón menciona su punto de vista estrictamente humano horizontal. Casi en todas las secciones principales de su diario sin excepción, el monarca utiliza las palabras "debajo del sol" y "debajo del cielo", a las cuales repetidamente llamará la atención de usted. Ya que Salomón pocas veces mira "por encima del sol" en busca de circunstancias que lo animen, la vida le parece monótona, desalentadora, desesperadamente falta de sentido. A pesar de la magnitud de lo que Salomón hizo por encontrar la felicidad, nada le produce satisfacción, porque dejó a Dios fuera de sus planes. Eso siempre será así, nunca se obtendrá satisfacción en la vida "debajo del sol" hasta que haya una relación significativa con el Señor viviente que está *por encima* del sol. Sin embargo, también nosotros, como Salomón, seguimos tratando de encontrar significado en la vida; acabando en un callejón sin salida llamado Vacío.

¿Hablando de un libro importante? *Eclesiastés* lleva entretejido en el paño de cada una de sus páginas el mundo actual. Estemos dispuestos o no a reconocerlo, en lo más profundo de la mayoría de nosotros hay una inquietud irresponsable de aventuras. Los plazos de entrega y la responsabilidad nos irritan; y nos sentimos dispuestos a correr, a escapar por los caminos vecinales de nuestra memoria, a viajar por los caminos azules de la vida debajo del sol. "Seguro que *allí* encontraré lo necesario para llenar el vacío", nos decimos; pero antes de que podamos arrancar el automóvil, el consejo de Salomón nos devuelve a la realidad: "No te molestes —expresa el monarca—, es una ilusión, una simple humareda, falta de solidez. Tal vez parezca que vale la pena, pero no te molestes, la vida sin Dios debajo del sol es la desesperación misma."

Me alegro francamente de que contemos hoy con este antiguo libro para poner las cosas en su sitio. Por todas partes nos encontramos rodeados de personas que están adoptando esta perspectiva vacía y horizontal del "no necesito a Dios". Su mundo es estrictamente visible, y su marco de referencia humanista lo vemos representado en los melodramas de la televisión todas las tardes y cada noche en las horas de mayor audiencia; lo oímos en los discursos políticos; lo aprendemos en la universidad, así como en las calles de cualquier urbe.

YENDO CON LA CORRIENTE

Concédame algunos minutos para preparar el escenario haciendo un resumen del diario de Salomón a vuelo de pájaro. Un estudio rápido revelará con cuánto ahínco trató el hombre de encontrar significado y satisfacción en la vida.

Búsqueda y exploración

En la primera mitad de su diario, el monarca registró gran parte de lo que había encontrado durante su crisis de la edad madura. ¡De veras se había entregado a ello! Con o sin ninguna determinación partió a la búsqueda de un propósito en la existencia, y con tremenda sinceridad relata lo aburrida y monótona que llegó a ser su búsqueda, tan pronto finalizó, expresa: "No hay provecho... no habrá memoria." No hay memoria de lo que precedió, ni tampoco de lo que sucederá habrá memoria en los que serán después" (1:11).

Sin embargo, a pesar de ese reconocimiento sin rodeos, llevó a cabo una búsqueda, decidido a encontrar *algo* debajo del sol que le satisficiera. ¿Y qué probó? Su primera parada fue en el *hedonismo*, o placer a toda costa. La risa, las comedias, las borracheras, la sexualidad, las diversiones, los proyectos para satisfacer su ego, las colecciones de arte, las excursiones, la dedicación al trabajo, los grupos de canto, y otra media docena de intentos de conseguir la felicidad fueron infructuosos. Todo lo que intentaba, aquello a lo que se dedicaba daba en cero... nada. Léalo usted mismo: "Miré yo luego todas las obras que habían hecho mis manos, y el trabajo que tomé para hacerlas; y he aquí, todo era vanidad y aflicción de espíritu, y sin provecho debajo del sol. Aborrecí, por tanto, la vida, porque la obra que se hace debajo del sol me era fastidiosa; por cuanto todo es vanidad y aflicción de espíritu. Asimismo aborrecí todo mi trabajo que había hecho debajo del sol, el cual tendré que dejar a otro que vendrá después de mí" (2:11, 17, 18).

A continuación probó un par de experiencias filosóficas: el fatalismo y el humanismo. Esos viajes intelectuales tenían un aspecto imponente a primera vista, pero al final, una vez más, no eran nada. ¡De hecho Salomón acabó murmurando herejías!

"Dije en mi corazón: Es así, por causa de los hijos de los hombres, para que Dios los pruebe, y para que vean que ellos mismos son semejantes a las bestias. Porque lo que sucede a los hijos de los hombres, y lo que sucede a las bestias, un mismo suceso es: como mueren los unos, así mueren los otros, y una misma respiración tienen todos; ni tiene más el hombre que la bestia; porque todo es vanidad. Todo va a un mismo lugar; todo es hecho del polvo, y todo volverá al mismo polvo. ¿Quién sabe que el espíritu de los hijos de los hombres sube arriba, y que el espíritu del animal desciende abajo a la tierra?" (3:18–21). No debería sorprendernos que esa clase de pensamiento procediera de la pluma de un hombre cuya perspectiva es cien por ciento horizontal: la filosofía humanista nunca ha conducido a la humanidad más que a una mayor confusión.

Ya que nada de aquello había dado resultado, tal vez la respuesta se encontraba en la acción social —en extenderse hacia los que sufren—; o mirándolo bien, puesto que siempre tenemos con nosotros a los pobres y lo patético, quizá sería la riqueza lo que produjera la satisfacción. Pero, como antes, ninguna de esas cosas le trajo un placer duradero. "Vi más debajo del sol: en lugar del juicio, allí impiedad; y en lugar de la justicia, allí iniquidad. . . El que ama el dinero, no se saciará de dinero; y el que ama el mucho tener, no sacará fruto. También esto es vanidad. Cuando aumentan los bienes, también aumentan los que los consumen. ¿Qué bien, pues, tendrá su dueño, sino verlos con sus ojos?. . . Este también es un gran mal, que como vino, así haya de volver. ¿Y de qué le aprovechó trabajar en vano?" (3:16; 5:10, 11, 16).

¡Helo aquí de nuevo! ¡Trabajar en vano! Y vuelve a repetirlo en el siguiente capítulo! "Aunque el hombre engendrare cien hijos, y viviere muchos años, y los días de su edad fueren numerosos; si su alma no se sació del bien, y también careció de sepultura, yo digo que un abortivo es mejor que él. Porque éste en vano viene, y a las tinieblas va, y con tinieblas su nombre es cubierto. Además, no ha visto el sol, ni lo ha conocido; más reposo tiene éste que aquél. Porque si aquél viviere mil años dos veces, sin gustar del bien, ¿no van todos al mismo lugar? Todo el trabajo del hombre es para su boca, y con todo eso su deseo no se sacia. . . . Porque ¿quién sabe cuál es el bien del hombre

Diario de un viajero desesperado / 15

en la vida, todos los días de la vida de su vanidad, los cuales él pasa como sombra? Porque ¿quién enseñará al hombre qué será después de él debajo del sol?" (6:3–7, 12). ¡Qué apropiada descripción de tantos que hoy día están pulverizando su vida! ¿Se ha dado cuenta? "¡Los pocos días de nuestra vida vacía!" (v. 12, *La Biblia al día*). No hay suficientes experiencias emocionantes de innumerables celebridades de la pantalla, artistas de variedades, atletas profesionales y máximos empresarios mundiales cuentan sus propios relatos de infortunio. Ya se trate de uno u otro o de tantos artistas, la desesperación es ineludible. Nada que está limitado a la vida "debajo del sol" produce satisfacción definitiva.

¿Cuándo aprenderemos? ¡Ni siquiera una vida "honrada" compensa a la larga! ¿Y qué es eso? Cierto escritor la pinta inexorablemente monótona:

> Para una ama de casa, la vida honrada consiste en lavar platos varias veces al día, limpiar fregaderos, baños, y encerar suelos; así como en perseguir a los pequeños que dan sus primeros pasos y mediar en peleas entre hermanos de edad preescolar (una madre dijo haber criado a tres "triciclos motorizados" los cuales acabaron con ella). Vivir una vida honrada es conducir el automóvil hasta la escuela, y volver veintitrés veces por semana; ir de compras y hacer pastelitos en el horno para la fiesta la clase de los niños; y finalmente convertirse en madre de un desagradecido adolescente; lo cual le aseguro que no es trabajo para cobardes (¡resulta difícil permitir que su hijo se encuentre a sí mismo cuando usted sabe que él ni siquiera se está buscando!). No hay duda de que a veces la vida honrada de una ama de casa puede ser una experiencia agotadora.
>
> Para un hombre que trabaja, la vida honrada no es mucho más sencilla: es arrastrar de la cama su cuerpo cansado cinco días a la semana, cincuenta semanas al año, ganarse quince días de vacación, y elegir un viaje que les guste a los niños. Vivir honradamente es gastar su dinero con prudencia cuando preferiría comprarse algo nuevo; llevar a su hijo a que monte en bicicleta el sábado, a pesar de que le gustaría ver el partido de béisbol por televisión; limpiar el garage durante su día libre después de haber trabajado durante sesenta horas en la semana anterior. La vida honrada consiste en soportar resfriados, pero con el motor del automóvil encendido, listo para ir a trabajar, reparar el automóvil, cortar la maleza, hacer la declaración de la renta; llevar a su familia a la iglesia el domingo cuando ya ha oído cada una de las ideas que el ministro es

capaz de ofrecer; dar una parte de su sueldo a la obra del Señor, cuando se pregunta cómo hará para salir adelante con lo suyo. Para el marido y padre promedio, la vida honrada es todo lo que he enumerado y más... mucho más.[2]

¿Y entonces? Pues el individuo decide escapar: encolerizado por la monotonía interminable, sin sentido y poco satisfactoria, y sintiéndose como una máquina distribuidora automática, no soporta más la tensión, y se marcha a la sala de exhibición de automóviles Porsche. Luego viene un nuevo vestuario, una camisa abierta hasta el ombligo, una gran cadena de oro o un medallón colgando de su cuello, pantalones ajustados, gafas oscuras, una muchacha bonita y elegante tomada de su brazo, y una visita a la discoteca en busca de un poco de diversión. Ha probado la vida "honrada" y no le ha satisfecho; es hora de cambiar marchas y de seguir la corriente. Sólo hay un problema... ¡que tampoco eso produce satisfacción! La felicidad horizontal no dura.

Eso es lo que pretende dar a entender todo el diario de Salomón, y lo que hace tan pertinentes sus palabras. Cambie los nombres, la geografía, el año, la cultura, y obtendrá la situación actual pintada con colores vivos que se intensifican cuanto más se adentra uno en dicho diario. Siga leyendo y podrá hacer su elección: la parte central del *Eclesiastés* es un verdadero surtido de insatisfacción, desaliento y desesperación que Salomón no deja atrás hasta que por último llega al final de su búsqueda.

UNA SABIA CONCLUSIÓN

Entonces, de repente, suenan los frenos del automóvil deportivo y se detiene. De su interior sale el veloz y vividor artista del escape, quien cerrando la puerta de un golpe, mira al lector a los ojos, y grita con voz atronadora una mezcla de Orson Welles y John Wayne:

—¡Ahora escúcheme bien!

Seguidamente, reflexionando sobre su viaje y haciendo una evaluación rápida de sus pensamientos, expresa:

—¿Quiere usted el *significado* de su vida? ¿Está buscando *propósito*? ¿Desea hacer una inversión que deje dividendos perdurables? ¿Algo que llene el vacío, que produzca una satisfacción verdadera...? Entonces ¡despierte y sea sabio! Antes de que usted de un paso más, puedo decirle que, para que su vida horizontal se resuelva, es absolutamente esencial que usted ponga en su sitio su vida vertical; mientras no lo haga, no podrá empezar a disfrutar *realmente* eso que llamamos vivir.

A continuación exhorta al lector a que no malgaste mucho tiempo en una búsqueda inútil (como lo ha hecho); sino que más bien se asegure una relación con el Dios vivo, de una vez para siempre, cuando todavía el lector está en la flor de la vida. Este es su consejo: "Alégrate, joven, en tu juventud, y tome placer tu corazón en los días de tu adolescencia; y anda en los caminos de tu corazón y en la vista de tus ojos; pero sabe, que sobre todas estas cosas te juzgará Dios. Quita, pues, de tu corazón el enojo, y aparta de tu carne el mal; porque la adolescencia y la juventud son vanidad... El fin de todo el discurso oído es este: Teme a Dios, y guarda sus mandamientos; porque esto es el todo del hombre. Porque Dios traerá toda obra a juicio, juntamente con toda cosa encubierta, sea buena o sea mala (11:9, 10; 12:13, 14). Salomón termina con ese consejo tan sabio. Si se me concediera un deseo, éste sería que cada persona que busca la felicidad hiciera caso de dicho consejo. Pero no sucederá así: muchos tomarán todavía ese "camino expedito" doloroso en él la filosofía irresponsable del "no me ates" hace que las cosas sean "leves en mi mente"; aún tendrán que aprender por sí mismos que los caminos azules pueden proporcionar aventuras y nuevas perspectivas de experiencia, pero ninguna esperanza duradera o satisfacción permanente. Al huir de la realidad siempre salimos estafados... ¡siempre!

Antes de viajar con Salomón a través de su diario, permítame expresar en tres simples comentarios cuán directamente se relacionan sus observaciones y experiencias con nuestro viaje actual, a pesar de la antigüedad que tienen:

1. La seducción sensual de obtener algo mejor en el futuro nos roba los goces que se nos ofrecen hoy.
2. La tentación personal a escapar es siempre más fuerte que la comprensión de las consecuencias que ello trae.
3. Si no se tiene a Dios en cuenta, el destino final *no será satisfactorio*.

La vida grata —aquella que verdaderamente satisface— se

da sólo cuando dejamos de desear una mejor, y es la condición de apreciar lo que ya *es* y no tanto de anhelar lo que *podría ser*. El deseo de obtener cosas, las ansias de más —tan bien inyectadas por sus vendedores— son virus que vacían nuestra alma de alegre contentamiento. ¿Ha notado usted que un hombre nunca gana bastante, una mujer nunca está lo suficientemente hermosa, las prendas que llevamos jamás se hallan tan a la moda como deberían, los automóviles nunca son lo bastante buenos, los artefactos nunca son tan modernos como los quisiéramos, las casas jamás tienen todos los muebles que deseamos, la comida nunca es lo bastante selecta, las relaciones jamás cuentan con el romanticismo suficiente, y la vida nunca es tan plena como debiera ser?

La satisfacción se produce cuando nos bajamos del ascensor del deseo y decimos: "¡Basta! Lo que tengo es suficiente; y lo que haga con ello es cosa mía y de mi unión vital con el Señor resucitado."

Ese es en esencia el mensaje que anuncia Salomón en su diario y que yo sostengo. Ahora, dígame honradamente: ¿Lo cree usted?

PERSIGUIENDO EL VIENTO

> Según mi entender, nada vale la pena; todo es vano. Pues, ¿qué obtiene el hombre de todo su trabajo? Generaciones vienen y generaciones van y todo sigue igual. Sale el sol y se pone, y en rápido giro vuelve a surgir. Sopla el viento del sur y del norte, aquí y allá, yendo y volviendo, sin ir a ninguna parte. Los ríos desembocan en el mar y éste nunca se llena, y el agua vuelve a los ríos y nuevamente fluye hacia el mar... Todo es indecible fastidio y fatiga. Por más que vemos, jamás nos satisfacemos; por más que oímos, no estamos contentos. La historia es simple repetición....
> Y en busca de conocimiento me dediqué a investigarlo todo.... Descubrí que la suerte del hombre, que Dios le ha señalado, no es un camino feliz.
>
> —Paráfrasis de Eclesiastés, por el autor

En los muros de la biblioteca de cierta universidad hay un rótulo pintado a mano con letras grandes y bien marcadas que dice:

LA APATIA REINA

Tal vez esas palabras fueron escritas por algún estudiante desilusionado que había pasado interminables horas realizando una investigación intelectual sólo para darse cuenta de lo inútil que era el proyecto.

De haber tenido más tiempo quizá hubiera escrito lo mismo que Malcolm Muggeridge acerca de la futilidad de la educación:

> La educación —esa gran farsa, ese fraude mayúsculo de todos los tiempos— pretende equiparnos para vivir; y se prescribe como remedio universal para todo: desde la delincuencia juvenil hasta la senilidad prematura.
> En su mayor parte, sirve para ampliar la estupidez, inflar la vanidad, aumentar la credulidad, y poner a los que están

sujetos a ella a la merced de aquellos que lavan el cerebro de la gente con ayuda de imprentas, la radio y la televisión.[1]

Me parece que puedo escuchar el aplauso de los fatigados estudiantes por todo el mundo. ¡Qué amarga desilusión la de aquellos que llegan al final de su carrera universitaria y hacen ese descubrimiento!

La apatía reina. Cada vez que escucho la palabra *apatía* me acuerdo de un amigo mío, que fue profesor de enseñanza secundaria durante el tiempo suficiente como para darse cuenta que esa no era su vocación; pasaron varios años hasta que lo comprendió y él me contó lo siguiente:

Se le había asignado la enseñanza de una clase con estudiantes que no querían aprender; de hecho, era una de esas en las que para conseguir un asiento en la parte de atrás había que madrugar.

En cierta ocasión, un par de individuos llegaron tan tarde a la clase que no tuvieron más remedio que sentarse en la primera fila; y allí se quedaron, con sus pantalones cortados a la rodilla y zapatos deportivos sin calcetines... sin importarles el tema del que se estaba hablando.

Por último, el profesor se hartó de la apatía, de los alumnos, tomó un pedazo de tiza y, girando bruscamente hacia el pizarrón, escribió con furia y con grandes letras en el mismo: "A-P-A-T-I-A". Luego subrayó dos veces la palabra y trazó los signos de exclamación con tanta fuerza que partió el yeso.

Uno de aquellos aburridos estudiantes de delante frunció el entrecejo tratando de leer la palabra, ladeo la cabeza, y comenzó a deletrearla: "A-P-A-T-I-A". A continuación, se inclinó hacia su compañero y le susurró:

¿Qué diantres es apatía?

A lo que el otro contestó bostezando y dando un suspiro:

—Y a quién le importa...

La apatía reina y a nadie parece preocuparle. La vida no es simplemente trágica, sino aburrida. Bien lo dijo H.L. Mencken: "El hecho fundamental acerca de la experiencia humana, no es que ésta sea una tragedia, sino un aburrimiento. No se trata de que la vida esté compuesta predominantemente de sufrimiento, sino que se halla desprovista de todo sentido."

Nadie lo expresó nunca mejor que Thoreau: "La mayoría de

los hombres lleva una vida de silenciosa desesperación." Nos negamos a creer tal cosa; y los conferenciantes motivadores que conducen seminarios entusiastas por todas partes esperan que así lo hagamos; de otro modo sus negocios se verían perjudicados. Lo último que debemos comprender es que se nos ha mentido durante la mayor parte de nuestra vida.

CUATRO MENTIRAS REVELADAS ACERCA DE LA VIDA

Puedo pensar por lo menos en cuatro falsedades a las que muchos llaman todavía la verdad:

1. "Ríe y el mundo reirá contigo; llora y llorarás solo." He descubierto que la verdad es más bien lo opuesto: "Ríe y lo harás solo; llora y se unirá a ti una multitud; todo el mundo llorará contigo."

2. "Cada día, y en cada forma posible, nuestro mundo se hace mejor." Me gustaría conocer a la persona que escribió por primera vez estas palabras, ¿y a usted? ¡Lo ahorcaría antes de la puesta del sol! Qué sueño más trágico y decepcionante.

3. "Siempre hay una luz al final del túnel." Siga esperando, siga buscándola. Murphy tenía razón cuando dijo que la luz que se ve al final del túnel es en realidad "el faro delantero de un tren que se aproxima".

4. Esta cuarta mentira proviene del mundo de la "música popular" de años pasados: "Las cosas nunca están tan mal como parecen; de manera que. . . sueña, sueña, sueña." ¿Quiere usted cantarlo conmigo? Probablemente no. Las cosas no están tan mal como parecen. . . ¡a menudo están *peor*; y el soñar no las hará mejores!

Hace poco oí hablar de un hombre el cual daba la impresión de vivir cada día de su vida por encima de todas las circunstancias: nunca tenía una mala jornada, iba al trabajo contento, volvía a casa feliz. La gente que lo rodeaba pensaba que aquél individuo contaba con algún secreto en su vida; y seguía preguntándose si todo aquello sería real.

Cierta mañana, en el receso para tomar café, un hombre le dijo al tipo feliz:

—Sabes, amigo. . . ahora comprendo por qué estás siempre tan alegre. ¡Vaya suerte que tienes! Ayer mismo por la tarde, iba en un taxi y pasé a tu lado: estabas sentado en aquél romántico "café en la terraza" con esa hermosa joven de espalda a la calle. Se encontraban el uno cerca del otro, y tú escuchabas con gran interés.

Entonces el otro se inclinó hacia él, y le susurró:

—Permíteme decirte la verdad: Esa adorable joven en realidad era mi esposa, la cual me estaba diciendo que me dejaba; y lo que parecía una "cafetería en la terraza", no eran sino nuestros *muebles* en la acera.

Las cosas no están tan mal como parecen, sino peor.

¿Por qué nos dicen entonces esas mentiras? ¿Cómo es que siguen animándonos a buscar la luz que hay al final del túnel? ¿Cuál es la razón de que haya individuos que dan seminarios por todo el mundo diciendo a la gente que sonría más; que crea que nos espera un brillante y maravilloso futuro del que simplemente tenemos que echar mano, que debemos buscar el placer, uncir nuestro carro a una estrella, que algún día lo conseguiremos?

¿Sabe por qué nos dicen esas cosas? La respuesta sencilla es: para hacernos creer que el propósito y la felicidad vendrán si simplemente seguimos manteniendo la esperanza.

Pero la esperanza no puede existir en un vacío en el cual se pasa por alto la realidad. El hecho es que este mundo no es maravilloso, sino malvado, corrupto, depravado; y el trabajo no resulta enriquecedor, ni hace que nos sintamos realizados, sino que es fatigoso e inútil; la gente tampoco es amable y generosa; sino egoísta y cruel.

La vida en el planeta tierra no resulta como un gran tazón lleno de fruta fresca, sino de huesos; es aburrida, vacía, un esfuerzo penoso, un "trabajar en vano"; para empeorar las cosas: ¡la apatía reina!

Esto es cierto sea usted una persona instruida o ignorante; joven o vieja; tanto si es profesional como obrero manual, si vive en una casa con terraza o tiene un apartamento pequeño en el segundo piso; y no será diferente aunque cambien las circunstancias. No me crea a mí, créale a Dios; y en vez de culparlo, comprenda que Él tuvo una razón para hacer que nuestra vida horizontal fuera tan vacía a propósito.

LA VERDAD ACERCA DE LA EXISTENCIA

Como vimos, hace muchos años hubo un rey que decidió escribir en su diario lo que había descubierto acerca de la vida. Su padre, David, le había dejado una gran hacienda que cuidar. David había peleado las batallas, y ahora su hijo Salomón disfrutaba de paz, cuarenta años de paz. ¡Imagínese: gobernó cuatro decenios sobre una nación libre de guerras!

En lugar de invertir grandes cantidades de dinero en maquinaria bélica, había medios económicos disponibles para proyectos de paz; y Salomón los utilizó para financiar sus empresas de investigación de la vida. Luego, cierto día, cuando hubo terminado su búsqueda, se sentó con una pluma en la mano y escribió en su diario la verdad respecto a todo lo que había encontrado. Su libro no contiene ni una sola mentira; sin embargo, debo advertirle a usted de que no se trata del *Manual básico para hacerse rico y famoso; sino* de una información fidedigna que el mundo entero necesita.

Como hemos visto, el diario del rey tiene una premisa fundamental para leer, pero Salomón no nos hace esperar hasta el final del libro, antes bien nos la dice al principio del mismo.

La premisa fundamental

"Vanidad de vanidades... —dice el predicador—; vanidad de vanidades, todo es vanidad."

En la literatura hebrea, cuando una palabra se repite aunque sea sólo una vez es para hacer énfasis, algo así como nuestro signo de admiración. Por tanto, Salomón expresa el superlativo: "¡Ultravano! ¡Totalmente vacío! ¡Sin nada!" O si lo prefiere: *"¡La apatía reina!"*

La vida parece tener sustancia; sin embargo, cuando uno profundiza en ella no encuentra nada. También ofrece la esperanza de que se trata de un sueño luminoso y cálido; pero en el momento en que vamos por ella, caemos en una fría y oscura pesadilla. Recuerde que ésta es una trama "debajo del sol"; y que no producirá satisfacción ni funcionará.

Salomón llega incluso a preguntar: "¿Qué provecho tiene el hombre de todo su trabajo [¡buena pregunta!] con que se afana debajo del sol" (1:3) (corchetes del autor).

La palabra clave es *provecho*; que viene del término original hebreo que significa: "lo que queda una vez completada la transacción".

Podríamos decir: "Cuando todo está dicho y hecho; cuando apagas la luz al final de la vida; cuando por último cierras la puerta de tu negocio y te retiras; cuando te alejas de la tumba de algún ser querido, que acaban de enterrar; cuando 'cae el telón'. . . el provecho final es *cero* en lo que a satisfacción se refiere." David Allan Hubbard escribe:

> De vez en cuando podemos esperar días inútiles; algunas de las cosas que planeamos se frustrarán; ciertas sendas que parecen prometedoras desaparecerán paulatinamente, obligándonos a retroceder; algunos pilares sobre los cuales nos apoyamos se derrumbarán, y enviarán rodando sobre nosotros nuestras esperanzas.
>
> Cuando la enfermedad ataca o los reveses financieros golpean, los días inútiles se convierten en semanas o meses vacíos. Ha habido ocasiones en que hemos lanzado suspiros profundos al rasgar la hoja de diciembre del calendario y dar la bienvenida a un nuevo año que prometía mejores días que el viejo.
>
> Esta inutilidad tiene parentesco con la ironía; ya que está llena de sorpresas. La encontramos allí donde menos lo esperamos: ciertos valores que consideramos preciosos resultan ser falsos; aquellos esfuerzos abocados al éxito, fracasan; los placeres que deberían saciarnos aumentan nuestra sed. Ironía inútil, inutilidad irónica. . . he ahí el color de la vida.[2]

¿Está usted dispuesto a creerlo? ¿Aceptará usted esto, no como el diario de algún otro hombre, sino como la verdad concerniente a su propia vida? Si usted está casado y su único enfoque es horizontal —es decir, si no vive "por encima del sol"—, hay muchas posibilidades de que su matrimonio vaya camino al fracaso. Pero lo trágico es que usted no se dé cuenta de ello. Si dirige su negocio con la energía humana que posee, en su propia sabiduría y fuerza (y Dios brilla por su ausencia), usted puede olvidarse de una satisfacción duradera; con toda seguridad no conocerá el sentimiento de realización permanente.

Si aspira a obtener una educación, y ha conseguido tal título y va tras tal otro mientras toda esa gente que hay a su alrededor le dice que vale la pena y que usted es capaz de obtenerlo, y está tratando de alcanzarlo con intenciones egoístas y pensando estrictamente en sus metas, tengo para usted noticias decepcionantes: usted acabará aburrido y frustrado. En su libro *Notes to Myself* (Notas para mí mismo), Hugh Prather escribe:

> Ojalá hubiera olvidado la grandeza futura, mirado a las cosas frescas de la vida; ¡quién diera que me hubiese extendido hacia los que me rodeaban, reparado en la fragancia del aire, hecho caso omiso de los formulismos y de las obligaciones autoimpuestas, escuchando el ruido de la lluvia en el tejado, abrazado a mi esposa. . . ! Quizás no sea aún demasiado tarde para hacerlo.[3]

Nosotros, que adoramos nuestro trabajo y jugamos en nuestra adoración, lo hemos enredado todo; y aun antes de empezar a leer, el escritor de este diario nos dice que eso es nada debajo del sol.

Eche un sincero vistazo a su trabajo. Si tiene una oficina como la mayoría, el montón de correspondencia pendiente seguro que se parece a la Torre de Pisa, ¡a que sí! ¡Allí nunca se acaba! Y por si fuera poco, los planes de venta se vienen abajo delante de sus ojos; y la compañía que usted comenzó tan bien, se acaba de una manera prematura y ofensiva. ¡Qué tedioso!

Si sus ahorros disminuyen de valor en vez de aumentar. Usted trabaja para conseguir un aumento, y ascienden a la persona que está a su lado. Las promesas de desgravación dadas por el gobierno, fracasan. Su barco no ha entrado en puerto. . . ¡se ha hundido! No queda nada, no se obtiene ningún provecho.

¿Capta usted este cuadro depresivo? ¿Se siente cansado del mismo cuento de siempre? ¡Magnífico! Eso era precisamente lo que se proponía el escritor. La resplandeciente joya de la esperanza —para presentar la cual espera mucho tiempo— necesita un telón de fondo oscuro, negro, de total futilidad. Le advierto que las cosas se pondrán mucho más oscuras antes de que pueda verse ninguna vislumbre de luz del día.

Ejemplos de trivialidad

¿Quiere algunos ejemplos? ¿Desea usted oír algunos datos específicos acerca de la vida debajo del sol? Considere esta declaración: "Generación va, y generación viene..." (1:4). Existe inutilidad incluso en el ciclo: mientras un grupo de gente está naciendo, otro está muriendo. Algunas personas atractivas y simpáticas morirán; al igual que otras fuertes y decididas. Individuos con dones y talento del mundo del espectáculo, también tendrán que dejar este mundo. Fallecerán asimismo otros que nos hacen reír, pensar, cobrar ánimo. Y alguna de esa gente brillante, maravillosa, amante de la diversión y competente, morirá igual de vacía que aquellos que lloran en los funerales. Este ciclo es terriblemente inútil. "Generación va, y generación viene; más la tierra siempre permanece."

Cuando Dios ordenó el sistema solar, y lo lanzó al espacio, dio propósito y significado sobre la tierra —quiero decir originalmente—; pero ahora todo está sujeto a vanidad (según Romanos 8:20).

Piense usted en algunas ilustraciones: el sol, por ejemplo. "Sale el sol, y se pone el sol, y se apresura a volver al lugar de donde se levanta" (Eclesiastés 1:5).

Puedo sentir la monotonía escrita en las palabras de Salomón, ¿y usted?

Entre las palabras del rey Salomón y las de Jeremías el profeta hay una diferencia considerable. Este último dice que aun la salida del sol le recuerda a su Señor: "Grande es tu fidelidad", expresa. Pero Salomón profiere: "La salida del sol... [qué horror]" (paráfrasis del autor).

¿Y por qué esto? Porque Salomón no ve más allá del sol; recuerde que su búsqueda terrena es "debajo del sol". Me niego a permitir que usted olvide este tema: esta miserable existencia llamada "vida en el planeta tierra" no tiene sentido; si uno vive sólo con la perspectiva de lo que hay debajo del sol, se halla en un ciclo interminable, pesado, fastidioso.

¿Y qué me dice del viento? "El viento tira hacia el sur, y rodea al norte; va girando de continuo, y a sus giros vuelve el viento de nuevo" (1:6).

Cada noche, en el telediario, vemos una gran foto tomada por el satélite en la que puede contemplarse la tierra y el movimiento del viento. Unos remolinos de color blanco brillante se destacan contra el azul puro del mar y el marrón de esta tierra. Usted ve las corrientes de aire; y al mirarlas mañana, aún estarán ahí, remolineando; su curso es algo monótono y repetitivo.

¿Y los ríos? "Los ríos todos van al mar, y el mar no se llena" (v. 7)

¿Sabe usted por qué? El sol hace que se evaporen enormes cantidades de agua; y cuando el aire húmedo se enfría, el vapor se condensa y forma nubes, las cuales a su vez dejan caer agua desde el cielo a la tierra en forma de lluvia, nevisca y nieve. Nuestros amigos que viven en la parte central de los Estados Unidos sufren terribles inundaciones, tornados, y otros desastres naturales. Las lluvias caen, y los ríos crecen y fluyen hacia el mar.

Como dijo un compositor: "El viejo río simplemente sigue corriendo". Tal vez el hombre estaba pensando en Eclesiastés 1:7, cuando escribió: "Soy sólo un río que corrió perpetuamente sin jamás llegar al mar. . ."

¿Se siente usted así alguna vez: como si su vida fuera tan monótona como los remolinos de viento o el correr del río? ¿Ha pensado en algún momento que vive en un aburrido ciclo como el sol? ¿Y sabe por qué piensa tal cosa? ¡Porque *es cierto*! Si su vida transcurre debajo del sol, está dando vueltas en círculos.

Creo que Salomón debió escribir el versículo 8 dando un profundo y largo suspiro: "Todas las cosas son fatigosas más de lo que el hombre puede expresar. . . ."

Cuando éramos pequeños se decía que siguiéramos mirando y descubriendo, ya que por ahí hay cosas que nunca antes hemos visto: belleza, maravillas, y hasta cierto punto es verdad. Pero al ir haciéndonos mayores, llegamos a ser más curiosos y exigentes y empezamos a querer telescopios y microscopios para examinar las profundidades de nuestro mundo natural. Sin embargo, parece que no podemos conseguir telescopios lo bastante grandes, o microscopios con lentes lo suficientemente fuertes para ver todo lo que deseamos. Nuestra curiosidad se despierta, pero acaba frustrada.

¿Ha notado usted? No encontramos satisfacción, sino otra interrogación; de manera que tratamos de obtener un título más para hallar la respuesta a esa nueva pregunta. Luego, una vez que hemos quitado dicha interrogación, descubrimos que necesitamos *otro* título, y entonces, se quedan más preguntas sin contestación debido a que una dimensión nueva se abre ante nosotros, otro mundo interminable. En nuestra mundanalidad eso nos deja agotados con nuestra inutilidad. ¡Es para volverse loco! ¿Y entonces? Entonces nos hacemos filósofos: gente que habla acerca de cosas que no comprende, pero hace que parezca que es la culpa de los demás.

Recuerde que nada de esto es nuevo: no se trata de un gran descubrimiento moderno. "Ni [siquiera] el *oído* [se sacia] de oír" (corchetes del autor). Si lo duda, es que usted no ha tratado de comprar un sistema para escuchar música últimamente. Va uno a un sitio y le dicen:

—Este es bueno; el precio es de tanto... —y luego añaden—: Pero, sabe usted, tenemos algo mucho mejor.

Naturalmente, usted pregunta:

—¿Y cómo es?

—Bueno, si usted está dispuesto a pagar más, incluiremos también dos enormes altavoces y los pondremos en su habitación para que tenga sonido estereofónico. Pero si quiere deleitarse de veras, lo que necesita es un sistema "cuadrafónico" —cuatro altavoces— ¡así como paredes a prueba de sonido para que no le sangren los oídos a su vecino!

El otro día vi a un hombre en su automóvil con cuatro altavoces; esos eran tan grandes que no se podía distinguir lo que había alrededor de ellos en el pequeño Volkswagen. Estoy hablando de aparatos que cubrían completamente la pared del automóvil. Podía verse cómo vibraban las ventanillas: ¡Bom! ¡Bom! ¡Bom! (como un tambor). ¡Me quité de allí enseguida! Ese tipo es un sistema de audición musical rodante; y una cosa le garantizo: *No está satisfecho con lo que tiene.* ¿Por qué? Porque siempre hay un sonido mejor. ¡Es increíble! Puedo imaginarme a un vendedor diciéndole: "¿Y usted cree que eso suena bien en un Volkswagen *escarabajo*? ¡Póngalo en un automóvil más grande, duplique el tamaño de los altavoces, y entonces verá lo que es bueno!"

El oído no se sacia de escuchar. ¿Es esto nuevo? De ningún modo, mire lo que dice el versículo 9: "¿Qué es lo que fue? Lo mismo que será. ¿Qué es lo que ha sido hecho? Lo mismo que se hará; y nada hay nuevo debajo del sol."

En cierta ocasión, Rudyard Kipling expresó ese mismo pensamiento al escribir:

La astucia que llamamos moderna;
Los crímenes que denominamos nuevos;
Los tenía Juan Bunyan clasificados y archivados en 1682.

Tengo buenas noticias: ¡Amigos y vecinos, no hay nada nuevo por ahí! Y si encuentran algo que lo sea —alguna cosa que ustedes no conocían antes—, más noticias aún: ¡Tampoco les satisfará!
En realidad, Salomón dice incluso: "Me gustaría olvidarlo." "No hay memoria de lo que precedió, ni tampoco de lo que sucederá habrá memoria" (v. 11).
¿Se ha sentido usted así alguna vez al final del día? ¿Ha pensado: "Me gustaría olvidar esta jornada"? ¿Y qué me dice después de concluir alguna meta académica? ¿Se ha dicho: "Quisiera olvidar esa escuela, cuanto he estudiado, tantas horas invertidas, y todo el trabajo que supuso... ¡me gustaría sencillamente no acordarme más de ello!"? ¿Y sabe usted por qué? Porque "la apatía reina"; y además "¿A quién le importa?"

El buscador y sus empresas

En el versículo 12, de repente, Salomón se presenta a sí mismo: "Yo el Predicador fui rey sobre Israel en Jerusalén"; y en sus palabras siguientes vemos el mismo tipo de resolución que podemos sentir usted y yo cuando partimos a una excursión con la mochila al hombro. Es como si estuviera diciendo: "He decidido realizar esa ascención." Salomón ha establecido sus objetivos y está listo para avanzar esforzadamente en su viaje de búsqueda y exploración de cuanto hay debajo del sol. "Y di mi corazón a inquirir y a buscar con sabiduría [sabiduría humana se entiende] sobre todo lo que se hace debajo del cielo" (v. 13) (corchetes del autor).
Déjeme proporcionarle un poco de ayuda en cuanto a las palabras *inquirir* y *buscar*. Esos términos describen la misión de Salomón. En hebreo, la palabra que se ha traducido por *inquirir*, significa "investigar la raíz de un asunto" (es lo que usted haría si estuviese escribiendo una tesis doctoral).
Toda persona que pretende ser respetada en el terreno académico, debe pagar un precio e investigar; de manera que se arremanga y empieza a excavar en las bibliotecas. El individuo

estudia cualquier enfoque posible a fin de que su investigación sea completa; quizá viajando y pasando dos, tres o más años en la preparación de su tesis. Según esta palabra hebrea, está "inquiriendo".

Del mismo modo Salomón dijo: "He decidido buscar las raíces de esas cosas" y comenzó a investigar el origen de ellas, a analizar el desarrollo de cada empresa, y a tomar notas de los resultados mientras proseguía su estudio. Perseveró en el mismo, apartando de sí todos los negocios de estado, y aparentemente haciendo caso omiso de las necesidades de su hogar. Dejó a un lado sus trabas religiosas y escudriñó cada tema. Se tratara de pasión, placer, filosofía, relaciones sexuales, dinero, proyectos creativos, o cualquier otra cosa, persiguió cada asunto, cada objetivo, para descubrir cuanto pudiera acerca del mismo, cómo había empezado, y cuáles eran sus resultados finales. Hizo una investigación a fondo.

Pero eso fue todo. Ese hombre era un intelectual especial. También *buscó*, en hebreo, este segundo término significa "examinar todos los aspectos"; es una palabra práctica que quiere decir "experimentación". Dicho de otro modo, Salomón da a entender: "No sólo estudié los jardines, los lagos, ríos, presas y riachuelos, sino que experimenté con ellos. Investigué todas esas cosas hasta el grado de tomar parte en las mismas. Me mojé en los riachuelos, investigué todo el mundo del placer. Lo busqué con todo empeño.

"Me metí bien, y sentí el calor del alcohol cuando bajaba por mi garganta; también experimenté esa sensación de pesadez en la cabeza cuando me entregué a él. Probé todos los aspectos de las diferentes gamas del placer."

Este es el diario de un hombre que no se detuvo ante nada tratando de buscar, por medio de la sabiduría humana, sobre todas las cosas que hay debajo del cielo. Recuerde que no había límites ni para su cerebro ni para su dinero. Ninguna limitación, ninguna reserva, una busqueda a fondo, ¡investigación completa! ¿Y qué es lo que él dice? ¿En el último análisis cuál es su opinión? "Este penoso trabajo dio Dios a los hijos de los hombres, para que se ocupen en él" (v. 13).

¿Y a qué penoso trabajo se refiere? Al vivir la vida debajo del sol.

He tomado un momento para marcar en mi Biblia algunas cosas que describen sus hallazgos iniciales. En el versículo 13, señalé: "penoso trabajo". Eso me ahorra mucha investigación. Si quiero aceptar la verdad de un hombre inspirado por Dios —que no sólo estaba buscando, sino experimentando—, y evitarme el mareo, el tiempo, el escándalo y el lío que todo ello representa, lo único que necesito es recordar su sincera evaluación: Es un "penoso trabajo".

Me di cuenta también de que en el v. 14, Salomón dice que la vida debajo del sol "es vanidad". Lo que esas palabras significan realmente es "perseguir el viento". Luego lo repite unas líneas más allá, y hacia el final de esta anotación de su diario, dice lo mismo con más firmeza que nunca: "Porque en la mucha sabiduría hay mucha molestia; y quien añade ciencia, añade dolor" (v. 18).

Creo que si mis dos hijos adolescentes estuvieran leyendo eso, se verían tentados a escribir en el margen del diario del rey: "Deberes para hacer en casa." ¿Cuál es su utilidad? Volviendo a unas palabras ya familiares: "La apatía reina." "Y dediqué mi corazón a conocer la sabiduría, y también a entender las locuras y los desvaríos; conocí que aun esto era aflicción de espíritu" (v. 17).

Aquí el escritor nos está diciendo: "Yo he estado allí." No hay nada como hablar con una persona que ha tenido la experiencia, ¿no lo cree usted?

Hace varios meses estaba corriendo en una pista de carreras de la universidad de la localidad, y al levantar la mirada vi a lo lejos a un hombre llamado Fred Dixon entrenándose para el decatlón. Pronto estuve corriendo al lado de aquel imponente atleta amigo mío. Ahora bien, recuerde que yo corro para sobrevivir; mientras que él lo hace por placer. Si usted ha corrido alguna vez junto a un decatleta, habrá tenido que combatir el impulso de ir saliéndose muy sigilosamente de la pista con el fin de esconderse en la casa más cercana que pueda encontrar.

Cuando Fred llegó hasta donde estaba yo, enseguida me sentí intimidado; pero no se lo dije. Lo supo cuando empecé a gritarle que tenía dificultad para seguir a la velocidad de él. Naturalmente bromeé acerca de ello, y le dije:

—Fred, no quiero que por mi culpa tengas que ir más despacio.

A lo que él respondió:
—Te vi corriendo por aquí y pensé hacerlo contigo.

Después de la carrera hablamos durante unos minutos; y Fred me describió toda la contienda olímpica. Fue algo muy útil; créame que no hay nada como conversar con alguien que ha participado de veras en el decatlón para saber de qué se trata. El ha participado dos veces, Fred es un atleta veterano, muy atractivo, y en muy buena forma; lo cual es magnífico, ¡no es justo [para mí], pero sí magnífico!

Hablar con Fred es mejor que intentar descubrir en un libro de historia toda la teoría acerca del decatlón. Simplemente le pregunté a Fred Dixon, luego escuche y aprenda.

Lo que Fred Dixon es en el decatlón, lo es el rey Salomón a las búsquedas en la vida "debajo del sol". Si usted quiere ahorrarse todo el dolor de cabeza y la angustia que vienen a consecuencia del pecado, no tiene más que escuchar a Salomón. De hecho seremos unos necios si no lo hacemos.

Nosotros no contamos ni con el cerebro que Salomón tenía, ni con su dinero; de modo que aunque quisiéramos no podríamos llegar hasta las profundidades que él llegó. He aquí más razones para escuchar al hombre que lo ha vivido, y que es incluso lo suficientemente considerado para expresar: "Estoy ansioso por contarle mis experiencias." El, en efecto, le dirá: "No vale la pena meterse en drogas"; "Usted será un necio si se entrega a la bebida"; "Si cree que una aventura amorosa le va a satisfacer, yo que he tenido más de las que usted pueda jamás tener, le digo, antes de que empiece, que *no* lo hará feliz. O si piensa que la solución está en un negocio de gran envergadura, en el dinero, o en conseguir algún otro logro atlético, un día se preguntará por qué consideró tan importantes estas cosas. ¡Si usted vive estrictamente en el plano horizontal, no obtendrá felicidad duradera!

Tal es el consejo de Salomón. El lo ha experimentado, escuchemos, aprendamos.

No tengo más remedio que añadir aún un comentario acerca de la futilidad del mero intelectualismo. Si el intelectualismo fuera la clave principal para obtener propósito y satisfacción en la vida, nuestras universidades serían fuentes de paz, y la gente se vería atraída hacia sus recintos y encontraría allí la realización de sus sueños.

Pero ¿qué encuentra uno en las universidades del país? Ollas hirvientes de controversia, activismo político, humanismo autosuficiente, y comunismo ateo en acción; todo tipo de ideas raras; un profesorado insatisfecho y desilusionado, junto con un montón de "estudiantes profesionales" que no encuentran satisfacción duradera debajo del sol. Naturalmente hay excepciones; pero son más bien infrecuentes. En lugar de sentirse iluminados, la mayoría se encuentran cada vez más confusos en la ciénaga de las filosofías interminables y sin sentido.

La solución no consiste sencillamente en estudiar más.

¿Puede usted nombrar a un solo científico secular que está auténticamente contento con la vida? Yo no. ¿Le es posible pensar en algún experto que viva en este mundo arrogante y ateo y que a la vez se encuentre plenamente satisfecho; en vez de estar participando en una búsqueda enloquecedora de algo más? Yo no.

Cuando quitamos a Jesucristo del centro de la búsqueda intelectual, vamos camino al desastre. Como nos dirá Salomón, la única forma de encontrar satisfacción y alivio del aburrimiento, es por medio de una relación con el Dios vivo, sin Él, volvemos otra vez a lo que decía aquél rótulo: "¡La apatía reina!"

Salomón escribe: "Hablé yo en mi corazón, diciendo: He aquí yo me he engrandecido, y he crecido en sabiduría sobre todos los que fueron antes de mí en Jerusalén; y mi corazón ha percibido mucha sabiduría y ciencia. Y dediqué mi corazón a conocer la sabiduría, y también a entender las locuras y los desvaríos; conocí que aun esto era aflicción de espíritu" (vv. 16, 17).

¡Fíjese! Salomón está diciendo: "No me detuve ante nada. Lo he estudiado; he estado allí...; ¡me he empeñado en ello a fondo! He dedicado mi corazón a conocer la sabiduría, la locura, los desvaríos, y finalmente me he dado cuenta de que sólo estaba persiguiendo el viento."

En el periódico *Los Angeles Times* correspondiente al domingo 5 de junio de 1983, Richard Eder escribió una crítica del libro titulado *Lost in the Cosmos: The Last Self-Help Book* (Perdido en el espacio: El último manual para hacer algo uno mismo). Eder comentaba, que en su obra el escritor hacía una reflexión "sobre lo que somos y cómo nos metimos en este lío".

¿Qué en qué lío? Básicamente el hecho de que todo cuanto emprendemos —sea ciencia, arte, placer, riqueza, política, guerra— lo llevamos a cabo sin ningún conocimiento real de por qué o por quién lo estamos haciendo. Hemos perdido de vista a nuestro yo. . . .

Cuando somos niños, vemos las cosas más o menos de la siguiente manera: Las vacas son para dar leche, las montañas para escalarlas, los automóviles para montar en ellos, los gérmenes para enfermarnos. . . Los niños dibujan casas con una cara en cada ventana (¿cómo podría ser de otra manera si las ventanas son para mirar por ellas?). ¿Y la gente. . . ? Pues los policías son para ayudarnos a cruzar la calle, los granjeros para cultivar plantas que nos dan alimentos, los padres para hacer ruido en la ducha e ir a trabajar, las madres para oler a perfume agradable y quizás igualmente para ir al trabajo. . . .

Al hacernos mayores, nuestra percepción del mundo físico llega a ser más compleja. . . .

El hombre —sugiere Percy—, desprovisto de un sentido de sí mismo, carece también de todo sentimiento de relación con el cosmos; siendo por tanto capaz de perpetrar casi cualquier tipo de disparate u horror contra ambos. Los artistas y los científicos están bien mientras se encuentran ejerciendo su superioridad; pero cuando llegan a casa por la noche, se hallan tan enredados como los demás. La belleza o el conocimiento que están buscando no los ilumina demasiado. Esta es una noción bastante familiar desde el tiempo de Sócrates y Eclesiastés; . . . Percy no está sugiriendo en realidad que el hombre sólo pueda conocerse a sí mismo por medio de algún tipo de fe religiosa, pero tampoco deja muchas otras opciones.[4]

Esa es la razón por la que Percy tituló su libro *Lost in the Cosmos*. ¿Aprenderemos algún día?

No estoy diciendo que usted no deba educarse académicamente, usted sabe que esa es parte de la vida. Tampoco sugiero que la ignorancia tenga el lugar supremo, naturalmente que no. La solución no es la ignorancia, sino la vida en contacto con el Dios vivo; sólo por medio de El podemos encontrar significado.

UN EXAMEN DE LAS RAMIFICACIONES PRACTICAS

1. *Si todo lo que hay debajo del sol es nada, nuestra única esperanza debe hallarse encima de él.* ¿Está usted dispuesto

a acompañarme tan lejos? Si todo lo que hay debajo del sol es nada, entonces debemos buscar nuestra fuente de esperanza *más allá* del mismo.

Como pastor, muchas veces me siento en la responsabilidad de comunicar esta información a otros; y he podido observar que la mayoría de la gente tiene el pensamiento tan atado al aquí y al ahora que prácticamente pasa por alto cualquier otra dimensión de la existencia. Y no es que pretendan conscientemente dejar a Dios fuera de su vida (a muchas personas les chocaría que se les considerara ateas); sino que pocas veces se elevan "por encima del sol". No obstante, es ahí donde la esperanza posee un brillo eterno.

2. *Si un hombre que lo tenía todo investigó cada cosa visible y no encontró significado, entonces es que lo necesario debe ser invisible.* ¿Está usted de acuerdo? A Salomón no le faltaba nada; exploró toda esfera visible de estímulo y no encontró satisfacción. Por tanto es lógico pensar que la satisfacción que él buscaba proceda sólo de lo invisible.

¿Se da cuenta usted de la poca gente que *oye* de veras lo inaudible y *ve* lo invisible?

En cierta ocasión, un campesino iba caminando por el centro de Nueva York con un amigo suyo residente en esa ciudad. De repente, en el corazón mismo de Manhattan, el campesino asió a su amigo por el brazo y le susurró:

—Espera... oigo un grillo.

—¡Vamos hombre! —contestó su amigo— ¿Un grillo? ¡Pero si estamos en el centro de Nueva York!

—Hablo en serio —insistió el campesino—; lo oigo de veras...

—¡Imposible! ¡No puedes oír un grillo con los taxis pasando, los automóviles tocando el claxon, la gente gritándose, los frenos rechinando, ambas aceras de la calle llenas de transeúntes, las cajas registradoras sonando, y el ferrocarril metropolitano rugiendo debajo de nosotros! ¡No es posible que escuches un grillo!

—Espera un momento —fue la respuesta del otro.

El campesino condujo a su amigo lentamente. Luego se pararon, y el primero fue hasta el final de la manzana, cruzó la calle, miró por allá, escuchó atentamente en una dirección, pero no pudo encontrar el grillo. Entonces atravesó otra calle, y allá, en una gran jardinera de cemento donde crecía un árbol, rebuscó en el estiércol mezclado con paja y dio con el insecto.

—¡Mira! —gritó luego, mientras alzaba su mano con el grillo bien en alto.

Su amigo cruzó la calle maravillado.

—¿Cómo es posible que hayas oído un grillo en medio del bullicioso corazón de Manhattan?

—Bueno —respondió el campesino—, mis oídos son diferentes de los tuyos. Todo depende de que ellos están escuchando. Permíteme que te lo demuestre...

Y metiendo la mano en el bolsillo sacó un puñado de monedas.

—Ahora, observa.

Luego levantó las monedas hasta el nivel de su cintura y las dejó caer a la acera; toda la gente en el área de una manzana a la redonda, volvió la cabeza y miró en dirección al campesino.

Todo depende de a qué está uno atento. No tenemos bastantes grillos en nuestra mente, ni prestamos oído a ellos. Tal vez haya pasado usted toda su existencia buscando un puñado de monedas sin escuchar el verdadero sonido de la vida.

Pienso que quizás estoy escribiendo para un pequeño grupo de personas que buscan realmente la excelencia. De hecho, probablemente usted forme parte de esa "gente maravillosa" para el mundo. Tiene buena apariencia, tal vez es competente y posee un gran potencial; o quizás sea una persona culta que lleva una vida decente, e incluso viste bien, no se mete en los asuntos de otros, paga sus cuentas... Sin embargo, aún está soñando: tiene todavía la esperanza de que al final de ese túnel hay una luz verdadera, y continúa diciéndose a sí mismo que a lo que está atento es a la vida y la felicidad, a la vida verdadera. Pero quiero advertirle que no se trata sino de un puñado de monedas. Ni una sola de esas monedas tiene vida. La única forma en la cual usted encontrará satisfacción será creyendo en lo invisible, confiando en lo inaudible. El nombre es Jesucristo. El quiere gobernar la vida suya. ¿Por qué debería reinar la apatía si Cristo está disponible?

3
COME, BEBE... ¿Y QUE MAS?

Yo me dije: "¡Anda, alégrate; sáciate de gozo!" Pero descubrí que esto también era vano. Porque es necedad reír todo el tiempo; ¿qué beneficio produce? Así que, después de mucho pensarlo, resolví probar los placeres de la embriaguez, procurando aún encontrar la sabiduría. Luego volví a cambiar de rumbo y emprendí el camino de la frivolidad para experimentar la única felicidad que en toda su vida conoce la mayoría de los hombres. Después traté de hallar satisfacción inaugurando un amplio programa de obras públicas. . . . Luego compré esclavos. . . . Recaudé plata y oro como tributo de muchos reyes y provincias.

Y además tuve muchas y hermosas concubinas. . . Pero mirando cuanto había emprendido, me pareció tan inútil. . .

—Paráfrasis de Eclesiastés, por el autor

El lema del estilo de vida actual puede reducirse a la frase: "Si te gusta, hazlo."

Tal vez estas palabras no aparezcan en letras de bronce bien marcadas, pero pueden leerse entre líneas en nuestra publicidad, y percibirse en el guión de nuestros anuncios de radio y televisión. Algunas veces se declaran abiertamente, sin embargo la mayor parte del tiempo no son más que ideas sublimes, colocadas por quienes escriben nuestros libros, componen música, diseñan la ropa, publican las revistas, dirigen las películas, y escriben nuestras obras de teatro. . . "Si te gusta, hazlo."

¿Verdad que usted ha oído esto? Ese lema puede verse grabado en las camisetas, los adhesivos para automóviles, los marcos de las placas de matrícula, y los carteles hechos a mano de algunas pequeñas *boutiques* de moda; no siempre con esas palabras explícitas. . . pero la idea está presente. Aun los títulos de algunos libros que han sido éxito de venta tales como *Looking Out for #1* (Cuidando de mi mismo) y *Pulling Your Own*

String (Mueva su propio resorte) animan atrevidamente a conceder menos atención a otros y más a nuestra persona... y sostienen que lo merecemos.

Todo esto puede parecer ultramoderno, pero sus tentáculos se extienden hasta los días antiguos en que los griegos acuñaron y modelaron el término *eros*. Los epicúreos vivían y morían por ello. Expresado en el lenguaje de su filosofía del goce continuo, significaba: "¡Come, bebe, alégrate... porque mañana moriremos!" Y las implicaciones del mismo van aún más lejos: "Puesto que morimos como perros, para no volver a vivir, mejor haríamos en pasarlo lo mejor posible mientras estamos vivos."

Hace años, John Steinbeck escribió una carta a Adlai Stevenson en la que decía: "Hay un gas insidioso de inmoralidad que lo invade todo, el cual comienza en el jardín infantil y no ceja hasta alcanzar los más altos despachos, tanto sociales como gubernamentales."[1] El famoso escritor se refería a aquello que es sensual —que tiene que ver con los sentidos—; lo cual podemos gustar, oler, ver, oír y tocar. En la aceptación más amplia del término, incluía los sentimientos que se relacionan con las comodidades de la criatura, los anhelos corporales, tanto buenos como malos. Aunque ninguno de los sentidos es malo en sí mismo (cosa obvia, ya que fue Dios quien nos los dio), cualquiera de nosotros podría ser arrastrado a un extremo tal que comerciara en las esferas de la herejía y la perversión; lo cual nos trae a esta nueva sección del diario de Salomón: otro análisis para el tiempo presente de la vida horizontal.

UN REPASO RAPIDO

Usted recordará que ese diario fue escrito por un hombre que ocupaba el cargo más alto en la nación: el Rey. Su país disfrutaba de paz y prosperidad —el mismo nombre del monarca es derivado de la palabra hebrea *Shalom*, que significa "paz"—; y después de varios decenios pacíficos, tras cuatro de guerra bajo el liderato de David, había en el mismo una especie de bostezo, de deseo persistente de tumbarse, relajarse y disfrutar de la vida por algún tiempo.

Acuérdese también de que el tema del libro es la vida "debajo del sol" o "debajo del cielo". Ya hemos señalado anteriormente cuán a menudo aparecen esas expresiones en el diario de Salomón; casi como si formaran el lema de su época: "¡Disfruta de la vida debajo del sol!" En otras palabras, el rey estaba buscando debajo del cielo una felicidad *sin* Dios. En el primer capítulo de su diario, hemos visto que probó el estímulo académico y cierto grado de búsqueda científica; y que ambas cosas lo dejaron vacío. "¡Ciertamente debe haber en la vida algo más que *eso*!", pensó; y decidió seguir otro rumbo e intentar encontrar respuesta a algunas inquietudes que había tenido toda su vida en lo profundo de sus sentidos. De manera que empieza: "Yo me dije:. . ."

UNA INVITACION FRANCA

Al principio, cuando leí estas líneas introductorias, me pareció interesante que aquél hombre comenzara ese nuevo rumbo en su viaje hablando consigo. No dio una palmadita en el hombro a ningún consejero y le dijo: "Ven aquí, amigo. Tú eres más viejo que yo: háblame acerca de lo que esto puede significar; dame algún aviso previo en cuanto a los peligros." Antes de buscar el consejo de otro más sabio y experimentado que él, se entregó de lleno.

Tampoco miró en la crónica histórica cómo había sufrido su padre, David, las consecuencias de la sensualidad; ni siquiera levantó la vista a Dios en oración para pedirle consejo a El; sino que se dijo: "Dije en mi corazón. . ."; lo cual podría parafrasearse: "Determiné. . ." Quizás eso sea un poquito fuerte. Todo comenzó como una fantasía; pero Salomón decidió transformar su excursión mental en realidad. Así expresa: "Ven ahora, te probaré con alegría. . ."; o lo que es lo mismo: "¡Eros, aquí me tienes!; o aun: "¡Ven, placer, sube a bordo! ¡Unete a mí en la corriente principal de esta vida de los sentidos, y ayúdame a descubrir de lo que se trata."

Dicho sea de paso, la filosofía del "hombre de mundo" no es más que una vieja melodía con nueva letra. El hedonismo de nuestros tiempos tiene tantos años como Salomón; en realidad muchos más, y también sus deleites estáticos y sus trágicas consecuencias.

No obstante, Salomón decidió buscarlo; de modo que expresa: "Dije yo en mi corazón: Ven ahora, te probaré con alegría, y gozarás de bienes. Mas he aquí esto también era vanidad" (2.1)

A la hora de dar su evaluación no anduvo con rodeos, ¿no le parece? ¡Sólo fue una vana experiencia más! Consideremos por un momento el estilo directo de escribir de Salomón. H.C. Leupold, un erudito en hebreo, afirma:

> Se trata de un estilo de redacción utilizado frecuentemente por los autores hebreos, en el cual, aun antes de darse una descripción más detallada del asunto, se indica su desenlace.... Podríamos parafrasear esta frase típica diciendo: "En esta prueba no encontré valores duraderos."[2]

Ahora bien, ese no es el estilo de hoy. Los escritores y fotógrafos de pornografía no nos dicen de antemano que se trata de algo vacío, inútil, que no satisface ni nos hace sentirnos realizados; nos dejan que lo descubramos nosotros mismos. Sin embargo, Salomón nos explica para empezar que la cosa no es tan buena como la pintan. Francamente, yo aprecio esa sinceridad. ¡La sensualidad erótica ya nos ha seducido bastante!

El doctor Pitirim Sorokin, un ex profesor de sociología de la Universidad de Harvard, escribió allá por los años cincuenta un libro titulado *The American Sex Revolution* (La revolución sexual norteamericana); y ya en aquella época, expresaba:

> Ahora se afirma que el instinto sexual es la causa principal del comportamiento humano, y se insta en nombre de la ciencia a satisfacerlo al máximo como condición necesaria para la salud y felicidad del hombre. Las inhibiciones sexuales son consideradas como la fuente más importante de frustraciones, enfermedades físicas y mentales, y de la criminalidad. Se ridiculiza la castidad como fingida piedad, y sobre la fidelidad nupcial se pone un estigma de hipocresía anticuada. Al padre se le pinta como a un tirano celoso que quiere castrar a sus hijos para impedir las relaciones incestuosas de ellos con su madre. La maternidad se interpreta como "la tiranía de la madre", que destruye la vida de sus hijos. Los hijos e hijas son descritos como "acomplejados" de seducción materna y paterna, respectivamente. El libertinaje y la habilidad se ensalzan arrogantemente.... El "hijo de Dios" tradicional, creado según la imagen divina, se convierte en un mecanismo sexual movido por el instinto, absorto en los temas referentes a la sexualidad... que aspira a, sueña con, y piensa principalmente, en las rela-

ciones sexuales. La sexualización de los seres humanos ha llegado casi a su punto de saturación. . . . Actualmente nuestra civilización está tan absorta en los temas sexuales que los exudan por los poros en todos los aspectos de la vida.³

Nuestro amigo Salomón, con una provisión ilimitada de dinero y sin ningún sentido de responsabilidad ante nadie, llegó tan lejos en ese camino, tanto como una persona pueda llegar; y cuando todo estuvo dicho y hecho, profirió: "¡Qué viaje tan vacío e inútil!"

¿Querría por favor toda persona joven que lee estas palabras, seguir el consejo de Salomón en vez del insaciable espíritu de nuestros días? ¿Lo hará el principiante, el inexperto, el virgen, la persona que no ha sido aún marcada por ese viaje. . . ? ¿Oirá usted *a tiempo* la verdad en lugar de la mentira? Y lo que es igualmente importante: ¿Será usted lo suficientemente maduro para hacerle caso?

Salomón, estuvo metido en ello y vivió para contárnoslo, nos ahorrará meses e incluso años de aflicción si queremos prestar atención a sus palabras. No es ningún profeta moderno del desastre, con cara de loco el que nos dice la verdad acerca de las relaciones sexuales ilícitas, el alcohol, las drogas, el ocultismo y aquello que atrae nuestros deseos eróticos; sino el hombre más sabio y rico que jamás haya existido; y el sentido común indica que sería prudente hacerle caso.

Diversión sin barreras

¡Aquí tenemos a Salomón tomando un nuevo desvío! Sin darse tregua, como un caballo de carreras. El monarca decide pasar por la vida riendo. "¡Voy a probar la risa! ¡Que me traigan los bufones, los payasos, los cómicos! ¡Oigamos sus divertidas ocurrencias, riamos de sus piezas jocosas y pequeñas sátiras!" Y efectivamente se presentaron con sus absurdas historias burlescas, las payasadas de siempre, máscaras extrañas, bromas, y el inagotable río de humor sin sentido.

Salomón pagó bastante, mucho, para conseguir el máximo placer: "¡Vengan la diversión y los juegos! ¡Pasémosla lo mejor posible! Después de todo es agradable reír y divertirse en la vida. Seguro que eso me proporcionará la satisfacción que ansío; tal vez *ahí* está el secreto."

Pero el secreto no estaba allí; y su admisión de ello es tan sincera como contundente: "A la risa dije: Enloqueces; y al placer: ¿De qué sirve esto?" (2:2).

Entendemos bien que Salomón no está atacando un sentido del humor necesario y saludable, u ocasiones periódicas de agradable placer del tipo que honra a Dios. De lo que se trata es de que uno no consigue una satisfacción duradera si su única razón para vivir es hacer sonreír a la gente, dejarla riendo.

¡Quién sabe cuantos cómicos habrá en el mundo, los cuales, después de acostarse por la noche, suspiran invadidos por esos mismos sentimientos: "Enloqueces. . . ¿De qué sirve esto?"!

Tengo entendido que hay un lema que Jerry Lewis cuelga en su camerino, y que dice:

> Hay tres cosas reales: Dios, la locura humana, y la risa. Puesto que las dos primeras están más allá de nuestra comprensión, debemos hacer lo que podamos con la tercera.

En cierta ocasión, un individuo desequilibrado y profundamente inquieto fue a un siquiatra para aliviar su ansiedad. Todas las mañanas se despertaba melancólico, y cada noche se iba a la cama tremendamente deprimido. Su día estaba marcado por la oscuridad y las nubes. No podía encontrar remedio a su ansiedad; y desesperado, decidió buscar el consejo de un médico. El siquiatra lo escuchó durante casi una hora; y por último se inclinó hacia su paciente y le dijo:

—Sabe usted, en un teatro de la localidad se está presentando cierto espectáculo. . . Se trata de un nuevo payaso italiano que ha venido a nuestra ciudad y que deja a la gente tirada por los pasillos, muerta de risa. Está recibiendo grandes elogios de los críticos. Tal vez él le devuelva la felicidad a usted. ¿Porqué no va a ver a ese payaso profesional y se libera de sus problemas riendo?

—Doctor —murmuró el otro con cara avergonzada—, yo *soy* ese payaso.

Como expresa Salomón: "Enloqueces. . . ¿De qué sirve esto?" Me parece que puedo oírlo decir ahora: "Bueno, si no es la risa, ni la diversión. . . tal vez pueda hallar algo en el mundo del licor; quizá la satisfacción que estoy buscando se encuentre en una botella." "Propuse en mi corazón agasajar mi carne con vino, y que anduviese mi corazón en sabiduría, con retención de la necedad..." (v. 3). Resulta fácil leer estas palabras y formarse una idea falsa del asunto. Probablemente usted se imagine a un vicioso borracho callejero de aspecto raído, piensa en una persona que está en las últimas de la vida, que forma parte de la hez de la sociedad: una víctima patética del alcohol que cruza tambaleándose la puerta trasera de una oficina de rescate para personas necesitadas. Pero ése no es el cuadro que Salomón está pintando.

Se trata de un hombre rico, muy mundano; un individuo inteligente que decide dejar que su mente lo guíe a las bebidas alcohólicas. Quiere convertirse en un conocedor de ese mundo de "delicias" sensuales líquidas.

Volviendo a H.C. Leupold, el erudito en hebreo nos dice lo siguiente:

> La expansión "agasajar mi carne con vino" debería tomarse como referencia al consumo de vino que capacita al hombre para alcanzar el mayor disfrute mediante un empleo cauteloso del mismo; de tal manera que el apetito aumente, el placer se intensifique, y se prueben y disfruten los mejores aromas. Ni siquiera entra en consideración el aproximarse a la borrachera o el caer en ella; el simple pensamiento de tan tosca extravagancia se descarta con la expresión: "Y que anduviese mi corazón en sabiduría". Dicho de otro modo: se trataba de un experimento cuidadosamente controlado.[4]

Salomón no está diciendo, como uno podría proferir en un arranque de cólera o exasperación: "¡Me parece que voy a salir a emborracharme!" No, es como si expresara: "Tal vez haya más de lo que yo creía en ese fantástico mundo de los licores, voy a probarlo." Pero de nuevo aquello fracasa miserablemente en cuanto a producir satisfacción.

Ahora, terriblemente desilusionado porque varias de sus fantasías no han sido más que pesadillas, Salomón decide arremangarse y ponerse a trabajar a fondo. Quizá sea *esa* la solución... no los proyectos que la nación exige de él, sino otros personales. Fíjese en cuántas veces usa las palabras "me" y "mí" en esta sección de su diario; se trata de algo muy personal: "Engrandecí mis obras, edifiqué para mí casas, planté para mí viñas; me hice huertos y jardines, y planté en ellos árboles de todo fruto. Me hice estanques de aguas, para regar de ellos el bosque donde crecían los árboles. Compré siervos y siervas, y tuve siervos nacidos en casa; también tuve posesión grande de vacas y de ovejas, más que todos los que fueron antes de mí en Jerusalén. Me amontoné también plata y oro, y tesoros preciados de reyes y de provincias; me hice de cantores y cantoras, de los deleites de los hijos de los hombres, y de toda clase de instrumentos de música. Y fui engrandecido y aumentado más que todos los que fueron antes de mí en Jerusalén; a más de esto, conservé conmigo mi sabiduría. No negué a mis ojos ninguna cosa que desearan, ni aparté mi corazón de placer alguno, porque mi corazón gozó de todo mi trabajo; y esta fue mi parte de toda mi faena" (2:4–10).

De manera que probó la arquitectura; decidió diseñar hermosas estructuras, ¡y claro que lo hizo! ¡El lugar que diseñó para sí fue una de las famosas siete maravillas del mundo! Pero esta anotación de diario incluye más que dicha estructura: utiliza el plural. Salomón edificó *casas*, varias de ellas.

Cuando vio que aquello no le satisfacía, decidió ocuparse en la horticultura y la agricultura; así que plantó para sí viñedos, luego hermosos huertos, y a continuación parques extensos. En estos últimos plantó árboles frutales que dieran bonitas y aromáticas flores cada primavera. El paisaje debió haber sido imponente: la elegancia en toda su lozanía.

Para mantener verde el sitio, necesitaba estanques de agua; de manera que mandó hacer embalses y abrir canales de riego a lo largo de todo el terreno. Aquel hombre no se detenía ante nada; decidió regar su bosque y los hizo. Sin embargo, Salomón permanecía solitario, siempre inquieto, jamás realizado. ¡Qué escena tan trágica! El lugar estaba tranquilo. . . ¡demasiado tranquilo!

Cuando el monarca determinó que lo que necesitaba sólo podía proporcionarlo otra gente, compró también a dicha gente. No pase por alto su comentario:

Compré siervos y siervas, y tuve siervos nacidos en casa.

Llenó el lugar de esclavos, y luego hizo que se reprodujeran y que tuviesen sus harenes. Pero aun así no estaba satisfecho. "También tuve posesión grande de vacas y de ovejas, más que todos los que fueron antes de mí en Jerusalén" (v. 7).

Salomón decidió que juntaría más para sí que ninguna otra persona; no habría límite. Luego pasó a coleccionar joyas preciosas y artículos de plata y de oro "tesoros preciados de reyes y de provincias", e incluso trajo cantores y cantoras. ¡Aquello debió ser todo un espectáculo! También escribió más de mil canciones, y quizá puso algunas de ellas a la disposición de sus cantores para que las estrenaran. Luego se sentaba cómodamente y escuchaba. Ahí lo tiene: rodeado de su propio bosque, huertos y viñedos diseñados por él mismo; de los árboles y el olor de las flores; con el ruido del agua fresca corriendo al fondo, además de numerosos esclavos de pies silenciosos a su alrededor listos para satisfacer su menor capricho. Su propia música llenaba las cámaras de sus casas y resonaba por el bosque. . . pero *aun* así no había encontrado la paz interior.

¿Qué más puede uno hacer? Seguir esperando, seguir mintiéndose a sí mismo; como la persona que escribió esta declaración cuyo origen no he sido capaz de descubrir:

> Mi viaje a través de las tinieblas no ha hecho sino acelerarse. Me he convertido en adicto a inventar luces falsas —de colores vivos y relampagueantes—, supuestos arco iris, puestas de sol artificiales, estrellas de celuloide. . .
> Más recientemente descubrí que de todas maneras Dios está muerto; soy un producto de la evolución orgánica. . . un accidente cósmico. . . un momento único en ese misterioso proceso de 30.000 millones de años. Se trata de una aventura llena de enigma, crueldad y falta de sentido, y aunque no sé lo que me espera, no temo, ¡sigo adelante!
> Incluso hoy, después de leer las noticias de la mañana y el último número de la revista *Time*, y a pesar de que reconozco los innumerables litros de lágrimas humanas, el interminable círculo de angustiosa tragedia. . . , yo, junto con la mayor parte de la humanidad, sostengo que Adán tomó la decisión correcta. Aun mientras tomo mis tranquilizantes, corro a ver al siquiatra, tomo una copa adicional, soporto mi tercer divorcio y veo a mis hijos desechar todos los ideales que he tratado de transmitirles. . . ¡todavía digo que hay esperanza!

Tengo una pregunta simple y directa: ¿Qué esperanza? El ha llegado al punto de decir: "Me he quedado sin nada en absoluto. No sé a quién volverme ya; pero todavía digo que hay esperanza." ¿Tiene usted idea de cuántas personas se aferran con las uñas a esta precaria situación?

¿Está listo para seguir? A continuación Salomón se vuelve hacia "los deleites de los hijos de los hombres": muchas concubinas. En otro lugar de la Escritura leemos acerca de lo lejos que llegó en esto: "Y tuvo setecientas mujeres reinas y trescientas concubinas; y sus mujeres desviaron su corazón [del Señor]" (1 Reyes 11:3) (corchetes del autor).

¡Mil mujeres; algo completamente increíble! Ellas estaban a su disposición a cualquier hora del día y de la noche —en el número que fuese— para satisfacer cualquier deseo sensual que tuviera; sin embargo, su aburrimiento no puede describirse. Se queda sin palabras para explicarlo; simplemente habla otra vez de "inutilidad". Todo el placer erótico que le proporcionaran lo dejaba vacío, aburrido, más frustrado que nunca en la existencia infernal que llevaba en la tierra.

En su libro *Growing Spiritually* (Crecimiento espiritual), E. Stanley Jones habla de cierto personaje ficticio que llevaba una vida de fantasías: lo único que necesitaba era pensar en algo y ¡puf! el deseo se le cumplía. De manera que el hombre, en un momento de la historia, se mete las manos en los bolsillos, se recuesta, imagina una mansión y ¡puf! se encuentra en posesión de una de quince alcobas, tres pisos, y empleados disponibles al instante para satisfacer todas sus necesidades.

¡Madre mía, pero un lugar como ese precisa varios autos de primera! De manera que cierra nuevamente los ojos e imagina el camino particular de la casa lleno de los mejores vehículos que el dinero pueda comprar; y ¡puf! algunos de los automóviles más lujosos aparecen instantáneamente ante su vista. Puede conducirlos él mismo, o sentarse en el asiento trasero de la limosina y hacer que su chófer lo lleve adonde quiera ir.

Cuando se ha cansado de viajar, vuelve a casa y desea una suntuosa comida. ¡Puf! La comida aparece delante de él con aspecto apetitoso y colores atractivos; se la come solo. Sin embargo, todavía le falta algo para ser feliz.

Por último, el hombre llega a sentirse tan terriblemente aburrido y falto de desafío que susurra a uno de los sirvientes:

—Quiero salir de esto. Deseo volver a crear algunas cosas. Preferiría estar en el *infierno* que aquí.

—¿Y dónde cree usted que está? —le contesta el empleado en voz baja.

Pero sabe, la actitud del "si te gusta hazlo" ha calado tan hondo en nosotros que ese estilo de vida nos parece lo *último* que pueda compararse con el infierno. Vivimos en un sueño, al borde de alguna gran esperanza situada justo al otro lado del precipicio. "Si pudiera ganar la cantidad suficiente para comprar ese sueño, seguro que *esa* cosa sería la solución", piensa usted; pero Salomón le dice: "¡No te molestes!"

¿Hay algún hombre de negocios agresivo que está leyendo estas palabras y no comprenda? ¿O alguna empresaria que tenga problemas para captar lo que digo? ¡Desde luego que no! Usted me entiende perfectamente.

La buena vida

Usted se despierta con un sueño en la cabeza, y su mente empieza en el terreno de la ilusión pensando en la manera de organizar, y financiar dicho sueño. Por fin nace la idea; y su empresa crece, se agranda, transformándose en algo gigantesco que abarca una vasta zona del país. Luego lo invitan a unirse a un consorcio y llega a formar parte de ese grupo importante. Ahora usted tiene un despacho más grande, con una moqueta más mullida, y *más* personal a su servicio; así como un sueldo mayor. ¡Usted es importante!; sin embargo no deja de soñar: tiene hambre de más, más, un más que nunca parece satisfacerlo.

El problema consiste en que el individuo tiene que vivir *consigo mismo*; y a menos que usted sea una persona de lo más extraordinaria, con el paso del tiempo perderá las cosas eternas que antes lo rodeaban: los amigos íntimos, la relación familiar, su matrimonio, la generosidad altruista, el interés por las cosas de Dios... todo aquello que hace que valga la pena vivir la vida.

Usted llega a ser grande, pero no cae en la demencia. Salomón habla de ello: todavía usted conserva sabiduría, tiene ideas. El dice: "Conservo conmigo mi sabiduría" (queriendo decir sabiduría *humana*). ¡Recórcholis, sí que ha conseguido la buena vida... la ha sujetado bien! "No negué a mis ojos ninguna cosa que desearan, ni aparté mi corazón de placer alguno, porque mi corazón gozó de todo mi trabajo; y esta fue mi parte de toda mi faena" (2:10).

¿Cuál fue su recompensa? Sentirse bien. Y no nos engañemos: el sentimiento momentáneo es agradable; produce mucho placer. Aunque sea algo pasajero, nadie puede negar el aspecto deleitoso de la sensualidad. Como dice cierto individuo:

> El placer ofrece levantarnos por encima de la rutina. Gran parte de nuestro vivir parece ligado a lo ordinario; y se ve trabado por las normas que aprendimos en nuestra infancia, agrietado por los hábitos que contrajimos como adolescentes, e inmovilizado por las cuerdas de la conformidad que nuestra cultura pone sobre nosotros. . . . Con frecuencia deseamos patear las huellas y salir huyendo libres en nuestra propia carrera. El placer nos permite hacerlo: podemos dejar colgadas temporalmente nuestras inhibiciones en el vestíbulo e irnos a la fiesta sin ellas.[5]

Hace poco estaba escuchando por la radio un programa de entrevistas en el que varios atletas profesionales hablaban acerca del abuso de las drogas y de la lucha que habían tenido con dicho abuso. Uno de ellos dijo: "Lo que seguía haciéndome volver a tomarlas era esa cálida sensación en la parte inferior trasera del cuello, la cual me ayudaba a dormir cada noche. ¡Francamente, me sentía de maravilla!"

Otro de los deportistas, reconoció: "Cuando usas drogas, se abren dentro de ti puertas que ninguna otra cosa puede abrir. Es algo espectacular, ¡indescriptible! ¡Ah! Con la presión a la que me veo sometido, el dinero que gano, el público que me persigue, y el trabajo que debo que mantener, necesito un poco de cocaína. Me es preciso tomar algo de droga, eso me ayuda a seguir, a calmarme. . . ; me pone en la actitud mental correcta para poder hacer lo mío, porque cuando la ingiero me siento magníficamente bien."

Parece tan atractivo, tan tentador. . . ; sin embargo, la realidad es que, cuando la diversión y los juegos terminan, se abren los *abismos*. Lo sé, porque a mí me toca trabajar con esas personas *una vez que* la fiesta ha terminado. El placer vino, pero no duró.

ES HORA DE ENFRENTARSE A LA VERDAD

El consejo que llega de Salomón merece ser presentado por los medios de comunicación a la hora de mayor audiencia; debería ponerse en la marquesina de todos los cines pornográficos, meterse como nota en cada frasco de drogas, y colocarse en un gran letrero de gas neón en la fachada de todos los bares.

"Miré yo luego todas las obras que habían hecho mis manos, y el trabajo que tomé para hacerlas; y he aquí, todo era vanidad y aflicción de espíritu, y sin provecho debajo del sol" (v. 11).

Y algunas líneas después, Salomón añade: "No hay cosa mejor para el hombre sino que coma y beba, y que su alma se alegre en su trabajo" (v. 24)

O dicho de otro modo: "Come, bebe y. . . *¿qué más?*" Eso no lo verá usted escrito en los espejos de los grandes centros de entretenimientos, ni en el paquete de folletos turísticos que recibe usted cuando trata de escapar de sus penas partiendo en un crucero alrededor del mundo. Tampoco lo encontrará en las botellas de licor. Tales cosas no son buena publicidad para el producto, pero representan la verdad. Salomón lo dice francamente. El lo ha experimentado, de modo que debe saberlo. En caso de que usted me pidiera que parafrasease los comentarios del monarca sería capaz de hacerlo en tres frases veraces. Si usted está dispuesto a enfrentarse a ella, las enunciaré:

1. *Los placeres sensuales hacen promesas que carecen de eficacia permanente.* El poquito de polvo blanco que te invita a aspirarlo adentro de tu organismo, ofrece un sentimiento, una promesa que dice: "¡Hombre esto es lo que necesitas! ¡No busques más! Te hace sentir tan bien. ¡Pruébalo!"

Y es cierto. Es verdad que te hace sentir bien. . . al principio. Cumple su promesa temporalmente; pero no tiene eficacia permanente; de modo que se necesita más de lo mismo, y el vicio se hace más caro. Poco a poco, a la persona empieza a importarle menos el deporte que hace, el trabajo que desempeña, el hogar que trata de dirigir, su negocio, o su profesión. La promesa de un sentimiento agradable está desprovista de eficacia permanente. Un adicto a las drogas reconoció ante mí: "Nunca pude obtener un sentimiento tan bueno como la primera vez, pero seguí intentándolo."

2. *Los placeres sensuales ofrecen abrirnos los ojos; pero en realidad nos ciegan.* Los placeres dicen: "Si haces esto, se te abrirán los ojos. Verás un mundo panorámico y psicodélico que jamás imaginaste que existiera." Pero, en realidad, ese mundo lo vuelve a uno ciego para todas las cosas que son importantes y reales.

Creo que la mayor tragedia relacionada con la sensualidad ilícita es la hipocresía; lo cual sirve de instrucción para mi tercera frase.

3. *Los placeres sensuales nos desilusionan, convirtiéndonos en artistas del encubrimiento.* Damos la impresión de tener todos los problemas de la vida resueltos (algo falso), porque nos negamos a decirnos la verdad acerca de nuestro vacío y a confesarlo a los demás. ¡Qué ilusión tan hipócrita! ¡Y qué fácil resulta olvidarlo! El "si te gusta hazlo" tiene un aspecto frívolo que no es ni atractivo ni satisfactorio.

¿De qué otra manera puede uno explicar el lado feo de la llamada "gente maravillosa", como por ejemplo Richard Cory?

Siempre que Richard Cory iba a la ciudad, Todos lo mirábamos desde la acera. Era Cory un caballero de la cabeza a los pies; Apuesto y de una delgadez regia. No se vestía de modo llamativo. Y siempre era humano cuando hablaba; No obstante, los corazones latían más aprisa si decía: "Buenos días"; y al andar era como si rutilara. También era muy rico —y más que un rey, por cierto—, Estaba instruido en toda gracia. En resumen, lo considerábamos el dechado a que cada hombre aspiraba. Y nos esforzábamos por ser como él. Haciendo cuantos sacrificios eran necesarios. Hasta que una quieta noche de verano, Richard Cory volvió a casa y se dió un disparo en la cabeza.[6]

MAS KILOMETROS POR MAL CAMINO

Entonces me dediqué a estudiar el valor comparativo de la sabiduría y la insensatez, y. . . . la sabiduría es más valiosa que la insensatez, así como la luz es mejor que las tinieblas; pues mientras el sabio ve, el necio está ciego. Y sin embargo observé que al sabio y al necio hay algo que les ocurre por igual: igual que el necio, moriré yo también. Entonces, ¿de qué vale toda mi sabiduría? Así reconocí que aun la sabiduría es vana. . . . Así es que ahora detesto la vida, pues es tan irracional; todo es insensatez, un perseguir del viento. . .

Desesperado, abandoné entonces el trabajo arduo. . . Pues aunque me pasara la vida en busca de sabiduría, conocimientos y habilidad, tendría que dejárselo todo a quien no se ha esforzado ni un día de su vida. . . . Así pues, ¿qué obtiene el hombre de toda su ardua labor? Días llenos de tristeza y dolor, y noches inquietas y amargas. Todo es absolutamente ridículo.

—Paráfrasis de Eclesiastés, por el autor

La mayoría de nosotros tenemos mejor vista que discernimiento. No es nuestra visión lo que está mal, sino la perspectiva la que nos juega una mala pasada; y esto resulta particularmente cierto en lo que respecta a las personas: tenemos la tendencia a ver sólo aquello que es obvio, mientras pasamos por alto lo importante; nos concentramos en la superficie, y dejamos de percibir las cosas profundas.

Es ahí donde existe tanta diferencia entre nosotros los humanos y Dios. Un antiguo juez israelita consignó este hecho en cierto libro que lleva su nombre; y he aquí la forma en que lo describió mientras citaba las palabras que Dios le había revelado: "Y Jehová respondió a Samuel: No mires a su parecer, ni a lo grande de su estatura, porque yo lo desecho; porque Jehová no mira lo que mira el hombre; pues el hombre mira lo que está delante de sus ojos, pero Jehová mira el corazón" (1 Samuel 16:7).

Comprendiendo la verdad de este rasgo humano, muchos llegan a ser bastante buenos actores. Ya que sabemos que de hecho nadie puede ver lo más profundo de nuestro interior, damos una falsa imagen externa, dejando a los demás con una impresión de quienes somos bastante diferente de la realidad. Fue precisamente este hecho lo que impulsó a Mark Twain a decir: "Todo ser humano es una luna, y tiene una cara oculta que jamás le muestra a nadie".

Guillermo Vilas, el excelente tenista argentino cuyo nombre es para muchos sinónimo de confianza, fuerza y seguridad interior, en cierta ocasión bajó la guardia en una entrevista concedida a la revista *Sports Illustrated*, y expresó:

> Pienso sinceramente que muchas veces uno se siente seguro, y de repente su mundo personal se viene abajo en pocos segundos como un castillo de naipes.

Ciertos atletas respetados y saludables dejan a sus admiradores gritando alabanzas, y sin embargo, en lo más profundo de ellos mismos, son hombres y mujeres que luchan con grandes inseguridades personales y bajos niveles de autoestima. Incluso algunos que se ganan la vida haciéndonos reír, mantienen una cara oculta debajo de la superficie. El dibujante de historietas Ralph Barton, por ejemplo, escribió:

> He tenido pocas dificultades, muchos amigos y grandes éxitos. He ido de esposa en esposa, de casa en casa, y visitado magníficos países del mundo. Pero estoy hastiado de artificios para llenar las veinticuatro horas del día.[1]

¿Quién hubiera imaginado nunca que se quitaría la vida? Parecía tan feliz en la superficie. Resulta asombroso que aquel a quien muchos envidiaban por su ingenioso humor estuviera en realidad lleno de desesperación.

¡Cuántos hay que *parecen* refinados, estables y triunfantes, y que sin embargo, en lo profundo del ser, se encuentran terriblemente frustrados! La palabra "frustrado" viene del latín *frustra*, que significa "en vano". Dicho de otro modo: uno que está "frustrado" piensa que nada de lo que hace tiene sentido; y a pesar del gran esfuerzo y de la búsqueda constante que llevan a cabo, los individuos frustrados no logran realizar sus sueños. Entonces, el sentimiento de impotencia que los embarga evoluciona transformándose en desesperanza, aunque se hagan muchos esfuerzos por ocultar la terrible verdad. Pocos son los que se arrancan la máscara y admiten lo grande que es su lucha; sin embargo cuando lo hacen, nuestra admiración por ellos se intensifica. La vulnerabilidad es un rasgo poco corriente pero muy respetado.

UN VISTAZO ATRAS

Tal vez sea esta cualidad, más que ninguna otra, la que nos hace apreciar a Salomón. No necesitamos tener una gran perspicacia, ni nos vemos obligados a adivinar lo que está pasando en su cabeza: él mismo nos lo dice. Salomón es *absolutamente* sincero; ha admitido su frustración sin vacilar.

- El monarca fue incapaz de encontrar satisfacción en las empresas intelectuales.
- Consideró la risa y el placer, ni más ni menos que enloquecedores;
- Buscó en el vino, en las mujeres y en la canción, sólo para sentir un aburrimiento todavía mayor;
- Probó con proyectos personales, estanques y parques bien perfumados, pero tampoco obtuvo satisfacción.
- Intentó realizarse con harenes de hermosas concubinas, cientos de esposas, y buenos cantores *¡y nada!*
- Entonces empezó a coleccionar gemas delicadas, y piezas de joyería y de arte de valor incalculable; pero ninguna de estas cosas lo satisfizo.

Al igual que el dibujante Barton, el rey Salomón se sentía hastiado de artificios para llenar su día; pero *a diferencia* de aquél, no se quitó la vida; sencillamente siguió conduciendo, ¿y qué fue lo que encontró? Más kilómetros de camino malo; nuevas empresas que lo llevaron a la misma conclusión. Sin embargo, lo bueno es que no esconde la verdad; Salomón puede estar frustrado y aburrido, pero no es ningún hipócrita.

LA BUSQUEDA CONTINUA

Ya que Salomón conservaba todavía sus facultades mentales, decidió poner su cerebro en acción: si todos los deleites sensuales y proyectos prácticos no producían felicidad duradera, quizás lo haría un cambio de dirección.

"Después volví yo a mirar. . ." (2:12). En otras palabras: "Decidí volverme hacia otra dirección. . . buscar varias cosas que aún no había explorado"; y esa otra dirección lo condujo a hacer tres comparaciones: la de la sabiduría con la necedad (2:13–17), la de lo inmediato con lo final (2:18–21), y la del trabajo cotidiano con el descanso vespertino (2:22, 23). ¿Quiere usted que le dé una pista? Estas cosas no lo satisficieron más que sus empresas anteriores.

Comparación entre la sabiduría y la necedad

"Después volví yo a mirar para ver la sabiduría y los desvaríos y la necedad; porque ¿qué podrá hacer el hombre que venga después del rey? Nada, sino lo que ya ha sido hecho. Y he visto que la sabiduría sobrepasa a la necedad, como la luz a las tinieblas. El sabio tiene sus ojos en su cabeza, mas el necio anda en tinieblas; pero también entendí yo que un mismo suceso acontecerá al uno como al otro. Entonces dije yo en mi corazón: Como sucederá al necio, me sucederá también a mí. ¿Para qué, pues, he trabajado hasta ahora para hacerme más sabio? Y dije en mi corazón, que también esto era vanidad. Porque ni del sabio ni del necio habrá memoria para siempre; pues en los días venideros ya todo será olvidado, y también morirá el sabio como el necio" (2:12–16).

El objetivo del monarca es decidir si quiere adoptar un estilo de vida caracterizado por la sabiduría o por la necedad. ¿Debería ser un pensador serio, un hombre que usara la cabeza, o dejar que la vida siguiera su agitado curso, sin poner él de su parte y no preocuparse de nada? El era el rey, de modo que nadie podía dictarle su destino; éste dependía únicamente de él. Tenía potestad para escoger lo que le atrajera.

Al principio, comprendió que la sabiduría tenía todas las ventajas sobre la necedad. Como él mismo expresa: una persona sabia va por la vida con los ojos bien abiertos; con una visión clara. El necio, por su parte, funciona como en una cámara oscura: sin saber lo que viene después, andando a tientas y vagando sin rumbo.

Entre estas dos cosas, obviamente la sabiduría gana aun sin combatir; pero en el último análisis, tanto el sabio como el necio se ven golpeados por un mismo destino: la muerte. Así que, ¿de qué vale que obtenga una buena instrucción? ¿Para qué dedicarse a un trabajo de mucha responsabilidad? ¿Qué sentido hay en que ordene mi mundo interior basado en el sentido común convencional? ¿Qué importancia tiene que ejerza una profesión o aprenda un oficio? Puedo vivir con los ojos bien abiertos, criar buenos hijos, y hacer planes sabios para la jubilación; pero la realidad es que el hacha cae sobre mi cuello del mismo modo que sobre el de un necio; al igual que él yo también voy a morir.

Esa es la clase de pensamiento que le viene a una persona que hace poco que se ha graduado con altos honores de una gran universidad y no logra encontrar empleo. Es alguien altamente capacitado, pero se siente completamente inútil; ese es un sentimiento terrible. El individuo posee un título, o tal vez varios, y no puede hallar trabajo; entonces mira en el mundo de los necios, y ve a la mayoría de ellos empleados, y se pregunta: "¿Para qué toda esta sabiduría? ¿De qué me sirven todos estos títulos? ¿Qué sentido tiene todo esto? ¿Para qué habré sido sumamente sabio? Y dije en mi corazón que también esto era vanidad, que esta cara y exhaustiva búsqueda de conocimiento no era otra cosa que un sueño vacío. Porque ni del sabio ni del necio habrá memoria para siempre; pues en los días venideros ya todo será olvidado. . ." (v. 16).

¡Con cuánto ahínco tratamos de evitar que eso suceda! Las lápidas no las construimos de cartón, sino de *granito*; ni pegamos los nombres sobre ellas con cinta adhesiva, sino que los grabamos en piedra y esperamos que las arenas del tiempo y el viento no las desgaste. ¿Por qué? Porque esas tumbas representan a nuestros seres queridos, y deseamos que ellos no sean olvidados jamás. Pero a la larga, todas las lápidas se gastan, y los nombres van perdiendo nitidez. Los recuerdos terminan por desvanecerse.

Si usted desea un ejemplo impresionante de cómo la humanidad está comprometida en la preservación de la memoria de los muertos, considere las pirámides de Egipto.

Eran una maravilla del mundo antiguo, y 45 siglos después de que fueron construidas, nosotros, hijos de la era moderna, todavía las vemos con admiración y asombro. Las pirámides de Egipto, y especialmente las de Gizeh, en las afueras del Cairo, son monumentos imponentes de la tecnología antigua, y lo que puede suceder demuestran cuando una gran civilización se esfuerza por conseguir sus propósitos.

La Gran Pirámide del faraón Keops tiene un tamaño asombroso. En sus casi 150 metros de altura, contiene aproximadamente 2.300.000 bloques de piedra, cada uno de los cuales pesa por lo menos dos toneladas. Se han utilizado muchas comparaciones para tratar de dar una idea precisa de su inmensidad. Cierto erudito ha sugerido que en su base cabrían las grandes catedrales italianas de Florencia, Milán y San Pedro del Vaticano, asimismo la londinense de San Pablo y la abadía de Westminster. Pero una de las comparaciones más sorprendentes data del tiempo de Napoleón. Mientras algunos de sus generales subían a lo más alto de la gran pirámide, el Emperador esperaba abajo calculando la masa de piedra de los tres monumentos que sobresalían del altiplano de Gizeh. Cuando los generales descendieron —según se cuenta— Napoleón los recibió con este sorprendente anuncio: Si se pudiera exportar a Francia todos los bloques de piedra que constituyen las tres pirámides, serían suficientes para construir un muro de tres metros de altura y treinta centímetros de ancho alrededor de todo el reino.[2]

¡No me diga que cuando uno muere lo olvidan rápidamente! ¡Claro que no! Más bien se anuncia: "Edifiquemos una pirámide, varias de ellas, para que aquellos que alcanzaron la grandeza en la tierra puedan ascender de algún modo al cielo material, y entrar en el espiritual y ser recordados siempre." Pero, un momento: debemos preguntarnos a quién estamos engañando.

Salomón sugería: "No pierda el tiempo haciendo pirámides; éstas pronto se olvidan." ¿No es ello cierto? Sólo unos pocos entusiastas de la historia serían capaces de mencionar los nombres de los faraones hoy; y no digamos dónde están situadas sus tumbas. La mayoría de dichos faraones han sido olvidados. Tanto los sabios como los necios, mueren. "No es sino vanidad."

¿Qué quiere decir? ¡Nada es digno de tal esfuerzo! ¿Entonces...? Pues el hombre se encuentra en ese mismo callejón sin salida terrible. "Aborrecí, por tanto, la vida, porque la obra que se hace debajo del sol me era fastidiosa; por cuanto todo es vanidad y aflicción de espíritu" (v. 17).

¿Se ha sentido así alguna vez? ¡Seguro que sí! Es la expresión máxima de hastío: "¡*Aborrecí* la vida! Consideré todo el trabajo, los proyectos, los pequeños pasatiempos, los planes, las horas, los años de educación, la inversión de tiempo y de energía... y vi que conseguían poco más que agitar el polvo del mañana y por último ser olvidados. Y lo *aborrecí*." ¿Por qué? "Por cuanto todo es vanidad y aflicción de espíritu."

El viaje continúa, pero el paisaje no ha cambiado. Tal vez la perspectiva de Salomón podría mejorar si el monarca considerara la posibilidad de construir una empresa de la nada y luego dejar su fortuna a sus hijos. Quizá sea *eso* lo que dé satisfacción.

Lo inmediato comparado con lo final

"Asimismo aborrecí todo mi trabajo que había hecho debajo del sol, el cual tendré que dejar a otro que vendrá después de mí. Y ¿quién sabe si será sabio o necio el que se enseñoreará de todo mi trabajo en que yo me afané y en que ocupé debajo del sol mi sabiduría? Esto también es vanidad. Volvió, por tanto, a desesperanzarse mi corazón acerca de todo el trabajo en que me afané y en que había ocupado debajo del sol mi sabiduría. ¡Que el hombre trabaje con sabiduría, y con ciencia y con rectitud, y que haya de dar su hacienda a hombre que nunca trabajó en ello! También es esto vanidad y mal grande" (2:18–21).

¿Comprende? ¿Tiene una imagen grande de lo que digo? Trabaja, trabaja, trabaja... Piensa, compite, prepara una estrategia, planea, sacrifica, viaja; preocúpate, quédate sin vacaciones; añade horas, cárgate de más responsabilidad, haz los favores necesarios, invierte; ahorra, arriesga... ¡trabaja, trabaja, trabaja! Y cuando todo está en orden; cuando tienes cada cosa en su sitio... ¡pum!

Dennis Barnhart era el presidente de una compañía de computadoras, muy agresiva y próspera. Su vida representa un tratado sobre la tragedia. Partiendo de un pequeño comienzo, la firma de Barnhart creció increíblemente de prisa, y por último él pensó que debía abrirla a la inversión pública. Como resultado de su primera oferta de acciones, aquel hombre de 44 años se hizo multimillonario prácticamente de la noche a la mañana; pero entonces, por alguna extraña razón, a pocas manzanas de la sede de la compañía, tuvo un accidente en su Ferrari rojo, cayendo a un barranco y murió.

Un relato del suceso en el periódico *Los Angeles Times* decía así:

> Hasta el momento del accidente, a las 4:30 P.M. del miércoles, Barnhart y la floreciente joven compañía —que fabrica computadoras para uso personal y negocios pequeños— estaba en sus mejores días. De su oferta inicial de 2,75 millones de acciones, la compañía obtuvo una ganancia neta de 37 millones de dólares. Los valores, que se pusieron a la venta a 13 dólares por unidad, pronto subieron hasta alcanzar los $27,00 para cerrar a un precio de subasta de $15,50 dólares.[3]

Después de describir el capital comercial, el artículo añadía: "Eso daba un valor de más de 9 millones de dólares a las 592.000 acciones que Barnhart poseía." Y aquella misma tarde, Dennis Barhart moría en accidente de automovilístico.

¿Y qué me dice usted de su propio reino, de sus planes para el futuro? ¿A qué se está usted aferrando? A los sueños, naturalmente; ¿no es cierto que son ellos los que le dan fuerzas para seguir? La esperanza, los planes interesantes. . . ¿Verdad que usted está trabajando en ellos ahora? Lo hace en sus "vacaciones"; piensa en ellos en sus "ratos libres".

Pero ve usted, todo eso parecerá terriblemente fuera de propósito cuando se enfrente al hecho de que la muerte le sobrevendrá en un corto período de tiempo. Para algunos, dicho período podría ser de menos de una década; en el caso de otros, de menos de un año; para Barnhart el momento llegó esa misma tarde.

El poeta Eurípides llamaba a la muerte "la deuda que todos hemos de pagar". Ricos y pobres, jóvenes y viejos, reyes y mendigos, están en la tumba o van hacia ella; y así seguirá siendo. Si he leído correctamente las palabras de Salomón, él decidió no sólo abordar el tema de la muerte, sino también el del patrimonio final de una persona que ha tenido éxito. Un día, todos sus bienes caerán en manos de sus hijos. ¿Dará eso buen resultado? Permítame ponerme en un plan terriblemente personal. No me importa lo capaces, competentes y perfectamente adecuados que sean sus hijos para llevar adelante su sueño; hay algo en *usted* que ellos no tienen ni tendrán jamás: su espíritu indomable e innovador. Usted fue el soñador original, el tenaz pionero. Fue usted quien dio forma a este sueño a martillazos en el yunque del tiempo; y aunque no poseía nada, llegó a algo. Por cerca que usted y sus hijos hayan trabajado, usted tiene cierto elemento que les falta a ellos, y eso le preocupa, ¿verdad?

Parte de lo que ellos reciben, lo reciben *gratis*; y cuando uno percibe algo sin esfuerzo propio, eso engendra irresponsabilidad, si no en la misma generación, en la siguiente: en la de sus nietos. La codicia vendrá a sustituir a la dedicación.

Hace algunos años, la revista *Newsweek* publicó un artículo referente a cierto industrial de la República Federal Alemana cuya vida ilustraba esto mismo.

> Al morir el empresario alemán occidental Freidrich Flick, dejó una fortuna personal estimada en 1.500 millones de dólares [¿puede usted imaginárselo?], un imperio financiero que abarcaba la totalidad o parte de unas 300 firmas, y la reputación de haber sido quizás el magnate más áspero y astuto que haya actuado en la escena de los negocios alemanes.
>
> Flick estaba dedicado por entero a su trabajo (un día de 1966 enterró a su esposa a las tres de la tarde, y dos horas después se encontraba de nuevo en su despacho)....
>
> Cuando Flick murió, su imperio generaba anualmente unas ventas de más de 3.000 millones de dólares [estas cifras se refieren sólo a la Alemania Occidental]. Pero con ese poder y esa riqueza tan tremendos, el anciano tenía un defecto muy humano: no podía controlar a su familia. La semana pasada, una lucha familiar sobre el imperio de *der alter Herr's*, tuvo a los empleados, los banqueros y los políticos temblando juntos en cuanto al posible impacto de la misma en la economía alemana occidental.[4]

Como lo expresó cierto individuo: "Flick ganó en los negocios, pero perdió en el hogar".

¿Verdad que por construir un imperio se paga un precio

muy elevado? Si estamos dispuestos a afrontar lo definitivo, nos encontraremos con una escena menos ideal: el imperio pasará a las manos de esas mismas personas a las cuales usted no ha preparado para tales exigencias y deberes. "Volvió, por tanto, a desesperanzarse mi corazón acerca de todo el trabajo en que me afané, y en que había ocupado debajo del sol mi sabiduría. ¡Que el hombre trabaje con sabiduría, y con ciencia y con rectitud, y que haya de dar su hacienda a hombre que nunca trabajó en ello! También es esto vanidad y mal grande" (vv. 20, 21).

Salomón hace un gran aspaviento y grita: "¡No vale la pena!" Nuevamente el monarca se encuentra en la casilla número uno de ese juego inútil.

El trabajo cotidiano comparado con el descanso vespertino

De manera que Salomón piensa: "Tal vez la solución esté en descansar por la noche, cuando llego a casa. Si trabajo con mucho ahínco durante el día, y me tomo tiempo libre por la noche a fin de preparar a mis hijos para que sepan cómo manejar el imperio, puede que eso me satisfaga." Considere los comentario que hace al respecto, y. . . ¡sosténgase! "Porque ¿qué tiene el hombre de todo su trabajo, y de la fatiga de su corazón, con que se afana debajo del sol?" (v. 22).

¡El descanso vespertino? Difícilmente. "Porque todos sus días no son sino dolores, y sus trabajos molestias; aun de noche su corazón no reposa. Esto también es vanidad" (v. 23).

¿Verdad que es así? ¿Cuántos empresarios conoce usted que descansan verdaderamente por la noche? ¿Puede usted nombrar con sinceridad a seis personas impulsadas por el deseo de triunfar que dejen todo su trabajo en la oficina? Hay una razón por la cual el Valium es todavía el fármaco más prescrito en muchos países. La mayoría de las personas que han llegado a la cumbre o que van hacia ella, se llevan a casa toda clase de tareas de la oficina, ni siquiera por la noche ponemos nuestra mente en reposo.

Tal vez Salomón pensaba en su hijo Roboam. ¡Qué historia tan trágica! Después de cuatro décadas de paz, el monarca traspasa el reino a su vástago, y éste tiene a su disposición consejeros sabios e insensatos. Roboam puede escoger entre escuchar a los hombres de Dios con experiencia que lo adviertan, o a los jóvenes e interesados advenedizos a quienes nada les importa el Señor. Como bien supone usted, escogió a estos últimos.

En un breve lapso de tiempo, apenas un año, el país estaba en guerra. Luego llegaron los ejércitos de Egipto, y Roboam se fue al templo —al templo de Salomón— y tomó de allí los escudos de oro compactos para entregárselos al enemigo a fin de evitar la invasión. El rey esperaba calmar la agresión de los egipcios llenando los cofres de ellos del oro israelita (oro que su padre había puesto en el templo). Qué chiste. . . como era de esperar, los egipcios siguieron deseando cada vez más.

Según el segundo libro de Crónicas capítulo 12, Roboam sustituyó dichos escudos de oro por otros de bronce. Estoy seguro de que los frotó hasta dejarlos bien brillantes con objeto de que tuvieran el mismo aspecto del oro; pero no eran más que cobre. Quizá Salomón estaba previendo la tragedia en la vida de su impulsivo y poco preparado hijo, y se decía: "Ni siquiera cuando dedico una noche a descansar veo posibilidad de esperanza en mi hijo."

UN INSTANTE DE DISCERNIMIENTO

¿Qué hago entonces? ¿Cómo puedo salir adelante si todo es tan vacío? En ese momento, Salomón recibe un destello excepcional de perspicacia, el cual capta de repente su atención, y que viene irónicamente acto seguido de su triste serie de escenas desalentadoras. Traducida literalmente del hebreo, la siguiente declaración del monarca dice: "No hay cosa mejor para el hombre sino que coma y beba, y que su alma se alegre en su trabajo" (v. 24).

He aquí su primer destello de discernimiento: *No hay nada inherente al ser humano que le dé la posibilidad de disfrutar y sacar propósito de lo que hace. Léalo de nuevo.*

Salomón expresa: "He visto esto, porque viene de Dios; El me ha revelado este fragmento de información, y estoy dispuesto a anunciarlo a cuantos quieran escuchar: 'Esto es cierto: no hay nada en usted (ni en sus hijos) que le proporcione felicidad automáticamente (o los guarde a ellos en paz y les dé gozo)."' Las riquezas no producirán como resultado una vida satisfecha; la felicidad no es algo que se compra.

En su libro *The Rockefeller Billions* (Los miles de millones de Rockefeller), Jules Abels dice que al final de su vida John D. Rockefeller tenía unos ingresos de aproximadamente un millón de dólares por semana, sin embargo sus médicos no lo dejaban comer sino lo mínimo. Uno de sus biógrafos escribió que vivía con una dieta que un mendigo habría aborrecido: "Ahora, con un peso menor de 45 kilos, probaba un poco de cada cosa (en el desayuno): un sorbo de café, una cucharadita de cereal, la cantidad de huevo que cabía en un tenedor, y un trocito de chuleta del tamaño de un guisante." Rockefeller era el hombre más rico del mundo, y sin embargo no podía disfrutar ni siquiera de su comida.

A estas alturas, probablemente usted se esté preguntando: "¿Cómo puedo disfrutar de la vida? ¿Qué necesito hacer para que el propósito y el significado volvieran a mi vida?" Pues bien, la siguiente línea del diario de Salomón brinda un segundo destello de discernimiento: *El disfrute es un don personal de Dios*. "También he visto que esto es de la mano de Dios" (v. 24).

¿No es esto cierto? A menos que Dios se encuentre en el centro de toda nuestra vida, el disfrute duradero es imposible. ¿Hay acaso lugar mejor para estar que con un grupo de cristianos que se juntan con objeto de divertirse? ¡Resulta increíble lo alegres que pueden ser esas ocasiones en las cuales nos reunimos como cristianos y disfrutamos de lo que llamamos generalmente "comunión"!

Cuando yo era un adolescente, vivíamos al lado de una familia que poseía muchos de los bienes de este mundo que nosotros no teníamos; pero ellos no contaban con las alegrías que Cristo puede proporcionar. ¡Esas sí que las disfrutábamos en abundancia! Recuerdo cierta Navidad en la que estábamos cantando juntos en familia. Mi padre tocaba la armónica, mi hermano el piano, y mi hermana, mi madre, mi hermano y yo cantábamos algunos de los viejos himnos navideños y de las canciones populares de la estación. Nos reíamos como locos cantando a pleno pulmón.

De repente mamá dijo:

—Estamos haciendo tanto ruido que será mejor cerrar las

ventanas para no molestar a todo el vecindario. Y así lo hicimos.

Al cabo de pocos minutos sonó el teléfono: era una jovencita que vivía al lado.

—¿Por qué han cerrado las ventanas —preguntó.

—Bueno —contestó mamá—, no queríamos molestarlos.

—¿Molestarnos? —dijo ella abruptamente—. ¡Esa es la mayor cantidad de risa que hemos oído durante todo el tiempo de Navidad! Por favor, abran sus ventanas... ¡es una música maravillosa!

A veces tenemos la idea de que el mundo es el que proporciona disfrute, y Dios quien nos castiga cuando la estamos pasando bien. Pero la verdad es lo contrario. Si usted quiere divertirse de veras —estoy hablando del tipo de diversión que es verdaderamente un deleite (sin consecuencias secundarias negativas)—, sólo necesita tener un ingrediente en su casa: una relación con el Dios vivo. Según Salomón: "También... esto es de la mano de Dios." El pueblo de Dios debería estar pasándola bien. Sin embargo, he podido observar que muchísimos cristianos parecen haber sido bautizados en zumo de limón.

Y aquí llega el tercer destello de discernimiento de Salomón: *Aquellos que están en regla con Dios se benefician del trabajo de todos los demás.* El mundo piensa que está amasando su fortuna para sí mismo; sin embargo, por último, es el cristiano quien se beneficia de la mayor parte de ella. Mire lo que dice el versículo 26: "Porque al hombre que le agrada, Dios le da sabiduría, ciencia y gozo; mas al pecador da el trabajo de recoger y amontonar, para darlo al que agrada a Dios. También esto es vanidad y aflicción de espíritu."

Piense en el hombre que lucha y se esfuerza intentando arduamente satisfacer a su familia con una enorme y maravillosa mansión, y su mujer ni siquiera está dispuesta a vivir en ella. De manera que el individuo acaba con un gran montón de madera y piedra, provisto de armarios y alfombra, de elegantes habitaciones pródigamente amuebladas... pero su esposa se niega a habitarla. Por último, el hombre tiene que vender la casa a una pequeña organización, la cual la llena inmediatamente y la usa.

Eso pasó con Glen Erie, en Colorado Springs, Colorado, sede

de Los Navegantes. Aquella hermosa mansión de estilo inglés la construyó un hombre que esperaba agradar así a su esposa; pero después de llevar allí unos pocos días, ella suspiró: "¿Quién necesita esto?" De todos modos, ¡qué podía hacer la mujer con 35 habitaciones! Pero ¿y Los Navegantes? ¡Ellos la compraron y la llenaron! Lo irónico de todo esto es que aquellos que están en regla con Dios son los que se benefician por último del trabajo de todos los demás.

De modo que ¿sabe usted una cosa? Si no tiene al Señor resucitado en la perspectiva correcta, si Jesucristo no está en el centro de sus planes, le esperan innumerables kilómetros de camino malo. Si usted quita a Dios, quita también el disfrute, el propósito, la dirección, el significado, y cualquier cosa eterna relacionada con la vida, y se queda con veinte, treinta, cuarenta años de noches sin dormir y nada como resultado cuando lo metan en la caja.

Tal vez lo haya dejado con la impresión —es fácil que eso suceda— de que cuando uno se convierte a Cristo no tiene más que deslizarse cuesta abajo: se traslada a mansiones en zonas adineradas, disfruta todo el tiempo de buenas comidas, la vida le sonríe en todos los aspectos. Usted ríe, ríe, y ríe; come tarta y helado sin engordar jamás (¡ojalá!).

Pero no es así, ¿recuerda? Volviendo a nuestro problema de perspectiva, aun el cristiano puede verse curiosamente confundido, y la vida parecer muy vacía, si no se tiene cuidado.

Hace algún tiempo recibí una desgarradora carta de cierto cristiano amigo mío. Estaba atravesando un período sumamente difícil —ahora ya ha pasado el punto crítico y su vida ha vuelto a la normalidad—; pero cuando me escribió, se encontraba... ¡Bueno, lea sencillamente sus francos comentarios e imagíneselo!

> Me he estado haciendo algunas preguntas de este tipo, y ahora estoy empezando a contestármelas. Para empezar, quiero dejar bien claras ciertas cosas. Tal vez no sea demasiado viejo, pero hace mucho que llegué a la conclusión de que no encontraría satisfacción persiguiendo los placeres del mundo. También sé que el huir de ellos no resuelve nada. Sin embargo, no pienses de ninguna manera que esos sentimientos se limitan a las personas que escogen tales caminos; no creas que sólo los empresarios codiciosos y de edad madura se enfrentan a esta crisis.

Yo todavía no tengo veintiocho años, hablo todos los días con Dios sinceramente, y vivo dentro de los confines de una conciencia sensible; además tengo una esposa y una hija maravillosas.
Pero me encuentro vacío. He llegado a la conclusión de que la vida es una pérdida de tiempo. Todo *es* vanidad, un perseguir el viento. No hay ni siquiera *una* cosa en esta tierra que haga que valga la pena permanecer en ella. Yo solía decir que el ministrar a otros era razón suficiente para vivir; pero me equivocaba... Tampoco lo es el criar hijos.
Sin embargo, lejos esté de mí el pecar contra Dios quitándome la vida. No tengo intención de hacer nada parecido; simplemente me he dado cuenta de que esta vida no ofrece nada. Eso no significa que esté desesperado; sino te apuesto que la eternidad valdrá la pena. He de hacer esa apuesta... es mi única opción. Me he quedado sin otras alternativas; y aunque la responsabilidad hace que sienta que *debería* seguir aquí, sólo la esperanza de ver a Dios sonreir me da la *voluntad* de quedarme.
Chuck, no olvides que este libro [refiriéndose al diario de Salomón] es pertinente incluso para cristianos en crecimiento. Muchos de nosotros nos preguntamos a diario si vale la pena seguir.⁵

Si usted es cristiano, tal vez esta carta le suene a algo que usted mismo hubiera podido escribir; en ese caso, comprenda por favor que no lo estoy excluyendo. Los malos caminos y los callejones sin salida no son cosas limitadas a los inconversos, se lo aseguro; pero la diferencia reside en que el creyente es capaz de perseverar a pesar de la dificultad. Sin Cristo no hay forma de salir; con El, más kilómetros de mal camino sólo significan que usted está más cerca que nunca del destino final que el Padre tiene para usted: ¡la mayor gloria de Dios! Esta clase de discernimiento mejorará su visión.

5

¿SABE USTED EN QUE TIEMPO ESTA?

Para todo hay un tiempo oportuno: Tiempo de nacer; tiempo de morir; Tiempo de plantar; tiempo de cosechar; Tiempo de matar; tiempo de sanar; Tiempo de destruir; tiempo de reedificar; Tiempo de llorar; tiempo de reír; Tiempo de tener duelo; tiempo de danzar; Tiempo de esparcir piedras; Tiempo de recoger piedras; Tiempo de abrazar; tiempo de no abrazar; Tiempo de encontrar; tiempo de perder; Tiempo de ahorrar; tiempo de derrochar; Tiempo de romper; tiempo de reparar; Tiempo de callar; tiempo de hablar; Tiempo de amar; tiempo de odiar; Tiempo de guerra; tiempo de paz. Realmente, ¿qué se obtiene del mucho trabajar? He meditado... Todo está bien en su momento oportuno.

—Paráfrasis de Eclesiastés, por el autor

¡Juguemos a imaginar!

Imaginemos que el viernes pasado, a última hora, su banquero lo llamó por teléfono y le dijo que tenía muy buenas noticias para usted: un donante anónimo, que lo quiere mucho, había decidido depositar en su cuenta cada mañana, a partir del próximo lunes, 86.400 centavos; es decir: 864 dólares diarios, siete días a la semana, 52 semanas al año.

Pero añadió: "Sin embargo, hay una condición: usted debe gastar todo el dinero *el mismo día* que lo recibe; ningún saldo será transferido para el día siguiente. Cada noche el banco deberá cancelar cualquier suma que usted no haya empleado."

Con una gran sonrisa dio las gracias a su banquero y colgó.

Durante este fin de semana usted tiene tiempo para planear; de modo que toma un lápiz y comienza a hacer sus cálculos: siete veces 864 dólares, es igual a 6.000 a la semana; por 52...

Son casi 315.000 dólares al año lo que tiene a su disposición si va gastando diligentemente el dinero cada día. Recuerde: lo que no emplee lo perderá.

Bueno, basta de imaginar.

Juguemos ahora a ser serios: Cada mañana, Alguien que lo quiere mucho deposita en su banco del tiempo 86.400 segundos —que equivalen a 1.440 minutos; los cuales, naturalmente, hacen 24 horas al día.

Ahora bien, usted tiene que recordar que aquí se aplica la misma condición anterior; ya que Dios le da esa cantidad de tiempo para que la utilice cada día, y ningún saldo se lleva al día siguiente. No hay tal cosa como una jornada de veintiséis hora (aunque algunos de nosotros quisiéramos que así fuese): desde el amanecer de hoy hasta el de mañana, usted tiene una cantidad de tiempo determinada con exactitud. Como alguien ha dicho: "La vida es como una moneda; se puede gastar de la forma que uno quiera, pero sólo una vez."

Uno de los temas más fascinantes (y que causan mayor *frustración*, podría añadir) es la palabra de seis letras: *tiempo*. Resulta asombroso: todos contamos con la misma cantidad de tiempo —estemos sin dinero o seamos los más ricos del mundo; jóvenes y viejos, solteros y casados, empleados y personas en huelga. . . tanto el escolar adolescente como el Presidente de la nación.

Piense de qué manera el tema del tiempo se halla entretejido en el género de nuestra conversación cada día. He aquí una lista de algunas frases muy familiares:

- "¿A qué hora empieza la reunión?"
- "No tengo tiempo."
- "¿Cuanto tiempo llevará?"
- "No malgastes tu tiempo con eso."
- "Es hora de salir."
- "Se acabó el tiempo."
- "Ya era hora de que hablásemos extensa e intensamente."
- "¿A qué hora cenamos?"
- "Saquen una hoja de papel en blanco; es hora de hacer un ejercicio."

ALGUNAS PREGUNTAS PERTINENTES ACERCA DEL TIEMPO

¿Qué podemos decir de esto llamado "tiempo"? ¿De qué se trata, en primer lugar? Aunque hablamos de él todos los días, e incluso cada uno de nosotros lo comprueba muchas veces a lo largo de la jornada, es un tema evasivo, escurridizo.

¿Qué es el tiempo?

Creo que la mejor definición que he oído del tiempo es: "un tramo de duración en el que suceden cosas." Estemos despiertos o dormidos, conscientes o inconscientes, sirviéndonos bien de él o malgastándolo, el tiempo es una duración, un período posible de medir, en el que pasan cosas... ¡cosas innumerables! Con mucha frecuencia me vienen a la mente aquellas palabras de Isaac Watts: "Cual río que corre sin parar, el tiempo arrastra a todos sus hijos."[1] Sin ningún género de duda, el tiempo es importante.

¿Por qué es tan importante el tiempo?

El tiempo es valioso a causa de su rareza. Resulta completamente irrecuperable, y nunca puede repetirse o volverse a vivir: no existe la repetición de un instante, literalmente hablando; eso sólo sucede con las escenas filmadas. El tiempo viaja a nuestro lado todos los días, y sin embargo lleva en su seno la eternidad. Aunque esto es cierto, ¿no es verdad que siempre parece relativo? Dos meses de vacaciones, por ejemplo, no se asemejan nada a quince días de dieta. Benjamín Franklin dijo del tiempo: "Es el material del que está hecha la vida." El tiempo forma los bloques de construcción de la existencia. Y el filósofo William James expresó en cierta ocasión: "El gran provecho de la vida es emplearla en algo que dure más que ella misma."[2]

¿Cuándo acabará el tiempo?

¿Estará siempre el tiempo con nosotros o terminará algún día? Puesto que fue el hombre quien inventó el reloj, es obvio que ese artefacto no permanecerá por la eternidad. Los planetas que fueron dispuestos en el espacio por el Dios Omnipotente, siguen siendo el cronómetro más perfecto jamás creado; pero cuando esos planetas se detengan, lo mismo sucederá con el tiempo. Así que el tiempo es algo transitorio; lo que significa que hemos de invertirlo sabiamente y buscar formas de disfrutarlo mientras se nos permite hacerlo.

Creo que es esta dimensión de la vida lo que mueve a Salomón a hacer un alto en su viaje filosófico y detenerse lo bastante para escribir un análisis práctico del tiempo en su diario. Parece haberse visto impulsado a ello hacia el final del capítulo que acabamos de terminar. ¿Recuerda su último comentario? "No hay cosa mejor para el hombre sino que coma y beba, y que su alma se alegre en su trabajo. También he visto que esto es de la mano de Dios" (2:24).

¿*Qué* es de la mano de Dios? Pues la capacidad de trabajar, de comer, de beber, de decirse a uno mismo que la vida es buena; todo eso procede de la mano de Dios, y sin El no se puede disfrutar de ninguna de esas cosas. Sin su Persona y la perspectiva que sólo El es capaz de dar, ¿qué tiene la vida de gracioso? ¿o con quién podemos reírnos? Sin Dios no es posible tener ni siquiera disfrute o apetito. Y luego, hacia el final, Salomón parece hacer un gesto de impotencia, y decir: "Todo es vanidad"; es como jugar al "tócame tú con el viento." Pero no abandona el tema; simplemente reflexiona sobre el mismo.

LA VIDA MEDIDA DE ACUERDO A LOS ACONTECIMIENTOS

Después de meditar sobre todo el concepto de la imposibilidad de disfrutar la vida si no es con Dios, el escritor divide la existencia en partes que se pueden medir. "Todo tiene su tiempo, y todo lo que se quiere debajo del cielo tiene su hora" (3:1).

A continuación de esa línea introductoria, Salomón menciona por lo menos catorce contrastes de la vida, todos ellos escenas corrientes, casi una muestra representativa de la existencia.

Contraposiciones por todas partes

Naturalmente, no todo puede incluirse en estos contrastes; pero resulta interesante lo abundantes que son:

1. *Tiempo de nacer, y tiempo de morir.* ¿Se ha dado cuenta

usted de que ninguno de esos acontecimientos los puede precipitar? El control de esas cosas no está en sus manos, sino que ambas le son dadas por Dios: usted es el recipiente tanto del nacimiento como de la muerte.

Las personas deprimidas tienen la tendencia a preguntar: *¿Por qué nací? ¿Por qué no me muero?* Pareciera como que cuando la vida se reduce a lo esencial, surgen de nuevo el nacimiento y la muerte. ¿No es cierto que la existencia lleva consigo muchos de esos símbolos? "Tiempo de nacer, y tiempo de morir?" Job hizo esas dos preguntas: ¿Por qué nací? "¿Por qué no morí?"

2. *Tiempo de plantar, y tiempo de arrancar lo plantado.* La mayoría de nosotros no somos campesinos —nunca hemos labrado la tierra ni recogido la cosecha—; pero aun así sabemos que hay un tiempo de plantar y otro de arrancar. No se puede jugar con la naturaleza; la única manera de conseguir una cosecha es cooperar con las estaciones. Usted no planta cuando es el tiempo de la siega, ni tampoco corta las mieses cuando no es el momento de hacerlo. Ni siquiera se poda un árbol cuando a uno le viene en gana; se trate de un pequeño árbol frutal de su jardín, o de un gran huerto comercial, hay que hacer la poda en el momento preciso; y una vez que el fruto está maduro, es necesario velar porque se recoja pronto. En lo tocante al cultivo de la tierra, elegir el momento oportuno lo es todo.

Dicho sea de paso, esto resulta también así a nivel personal, ¿no lo ha notado? Hay veces que uno siente que debería irse a otro lugar, pero no puede porque las cosas no encajan; luego, en otras ocasiones, cuando está convencido de que se quedará en un sitio para siempre, ¡he aquí que dos meses después (o a veces menos) se halla a cientos de kilómetros de distancia! Dios suele arrancarnos y plantarnos, y lo hace en su tiempo.

3. *Tiempo de matar, y tiempo de curar.* Esta parte no nos gusta: la vida parece extrañamente fija en algún lugar entre el campo de batalla y un puesto de primeros auxilios; entre el asesinato y la medicina.

A un lado de nuestro mundo está la Mafia, y al otro la Madre Teresa. Ellos aparecen algunas veces en columnas adyacentes de nuestro periódico, y no tenemos más remedio que enfrentarnos a esos casos opuestos —muerte y sanidad—, en un mismo momento del tiempo. Un artículo nos habla de cierto asesino que le ha quitado la vida a alguien salvajemente y a sangre fría; y otro de una droga milagrosa que lo ayudará a usted a vivir muchos años más. Hay un tiempo de matar y un tiempo de curar.

4. *Tiempo de destruir, y tiempo de edificar.* Una ilustración perfecta de esto es la renovación urbanística. Vemos cómo dicha renovación tiene lugar por todas partes a nuestro alrededor en las metrópolis. Las cuadrillas de demolición van seguidas de otras de construcción: primero derriban las construcciones viejas, luego, viene la edificación. Lo observamos en la restauración de casas antiguas y también en las escenas de la vida diaria: hay un tiempo de destrucción y otro de edificación. Algunas veces aquello que contemplamos impulsa el contraste siguiente.

5. *Tiempo de llorar, y tiempo de reír.* Probablemente, C.S. Lewis lo expresó mejor cuando dijo: "El dolor es el megáfono de Dios. Dios nos susurra al oído en nuestros tiempos de placer [cuando reímos], pero nos grita cuando experimentamos el dolor [cuando lloramos]."[3] En esa misma línea de pensamiento, Malcolm Muggeridge escribía lo siguiente acerca de la aflicción en su libro *A Twentieth Century Testimony* (Un testimonio del siglo XX):

> Contrariamente a lo que cabría esperarse, recuerdo con particular satisfacción experiencias que en su momento parecieron desoladoras y dolorosas de modo especial. Realmente, puedo decir con absoluta veracidad que todo cuanto he aprendido en los 75 años que llevo en este mundo, y que ha mejorado e iluminado verdaderamente mi existencia, lo he aprendido por medio de la aflicción y no de la felicidad, ya fuera ésta perseguida o alcanzada. Dicho de otro modo: si algún día llegara a ser posible eliminar la aflicción de nuestra existencia terrena mediante alguna droga u otro conjuro médico, como preveía Aldous Huxley en su *Mundo feliz*, el resultado no sería una vida deliciosa, sino demasiado trivial y anodina para ser soportada. Esto, naturalmente, es lo que significa la cruz; y ha sido esa cruz, por encima de cualquier otra cosa, lo que me ha atraído inexorablemente hacia Cristo.[4]

¿Está usted pasando por días de aflicción? Si lleva llorando un largo período de tiempo, tal vez empiece a dudar. Las malas rachas suponen épocas difíciles: uno se siente estéril, marcado por la duda, y tiene reservas en cuanto a la existencia de un Padre celestial amoroso con un "plan maravilloso para su vida". Esas palabras pueden hacerlo reír despectivamente como un escéptico.

Usted anhela los días de risa porque son mucho más agradables. Aunque estoy convencido de que el reír no nos enseña tanto como las lágrimas, a mí me gusta. Deseo cultivar un buen sentido del humor. Lo aprecio de un modo especial en los predicadores; pero, por desgracia, es demasiado raro entre los ministros. Hay personas que escuchan nuestros programas de radio y me escriben cosas como: "Puede dejar de predicar si quiere, pero ¡por favor, no deje de *reír*! Algunos incluso me han dicho: "La única risa que se oye en nuestro hogar llega por medio de su voz; no somos una familia que ríe." ¡Qué trágico es esto!

Charles Haddon Spurgeon —un hombre al que admiro— se enfrentó en cierta ocasión a una muchedumbre de sombríos caballeros ingleses, y les dijo:

> Hay algunas cosas en estos sermones que pueden provocar sonrisas. ¿Y qué? El predicador no está tan seguro de que sea un pecado sonreír; y de todas formas considera un crimen menos grave causar una risa momentánea que media hora de sueño profundo.[5]

Muchos pastores pasamos el tiempo tratando de hacer que la gente se enmiende (que traducido es "que piense como nosotros").

En cierta ocasión oí acerca de un pastor que abandonó el ministerio después de veinte años en el mismo y se hizo director de pompas fúnebres. Cuando alguien le preguntó por qué, él contestó: "Bueno, he pasado casi doce años intentando que Juan se enmendara; pero no lo he logrado. Luego, he dedicado catorce meses a enderezar el matrimonio de los Rosario, sin resultado alguno. También he tratado de reformar a Mercedes durante tres años, pero no se ha corregido. Ahora, ¡cuando los enderezo, permanecen derechos!"

No sólo hay un tiempo de llorar, sino también otro de sonreír, de reír... ¡Y cuánto necesitamos esas ocasiones! No me preocupa demasiado el que mi familia me recuerde como una persona de pensamientos profundos; sino más bien como un esposo y padre con el que era divertido vivir. Realmente no me importa si son o no capaces de repetir las reglas y ordenanzas que salieron de mi boca; sin embargo, espero que nunca olviden cómo era mi risa... que ésta quede impregnada en las paredes de mi hogar. Esa es una contribución particular que deseo hacer en gran manera y permanentemente.

6. *Tiempo de endechar, y tiempo de bailar.* Puedo pensar en unas pocas familias, a las cuales conozco bastante bien, que han endechado juntas. Debido a los veinticinco años que llevo como pastor, he visto los miembros de algunos grupos familiares apoyarse unos en otros con fuerza en la oscura funeraria para soportar la pérdida de un ser querido; y también a los niños de hogares rotos hacer luto por el divorcio de sus padres e intentar recomponer sus vidas en las semanas y meses siguientes. En ocasiones pienso que una muerte hubiera sido menos dolorosa que un divorcio.

Luego, he contemplado a esa misma familia, menos de un año después, disfrutar en la fiesta de bodas de una de las hijas. ¡Con cuánta rapidez puede la escena de luto convertirse en otra! Como dice la canción de cierta comedia musical judía. "Sale el sol, se pone el sol; rápidos vuelan los años. Una estación sigue a otra, cargadas de felicidad y de lágrimas."[6]

Pienso que los dos contrastes siguientes van bien juntos:

7. *Tiempo de esparcir piedras, y tiempo de juntar piedras.*
8. *Tiempo de abrazar, y tiempo de abstenerse de abrazar.*

Relaciono el esparcir piedras con el abstenerse de abrazar, y el juntarlas con el abrazar; e interpreto esto como las ocasiones de afirmación en contraste con las confrontaciones.

Hay veces que necesitamos el abrazo de un amigo, y que acerque hacia él nuestra cabeza, nos susurre al oído palabras de comprensión y nos anime a no abandonar la lucha, recordándonos que la vida seguirá su curso y asegurándonos que saldremos adelante. Tales abrazos nos infunden valor, y nos ayudan a resistir la noche.

Luego, también hay momentos en los que esa misma persona puede sujetarnos por los hombros y confrontarnos con la dura realidad: "Escucha bien esto... —nos dice entonces—, no estoy de acuerdo contigo y tengo que ser sincero: pienso que lo que haces no es correcto." Este no es un tiempo de abrazar

—como expresa Salomón— se trata de un momento de esparcir piedras. Para que una vida se mantenga equilibrada son necesarias tanto la afirmación por parte de otros como la responsabilidad ante esos otros.

El versículo 6 introduce una contraposición interesante:

9. *Tiempo de buscar, y tiempo de perder.* Los equipos de rescate se enfrentan continuamente a este conflicto. Buscan y buscan durante días y noches... a veces incluso por varias *semanas*. Hace poco no muy lejos de donde vivo tuvo lugar un suceso conmovedor: la pequeña Laura Bradbury, de tres años de edad, se vio de algún modo separada de sus padres en la visita a cierto parque nacional. La búsqueda continuó durante veinte angustiosos días, luego de los cuales las autoridades la dieron por terminada. El regreso a casa de los desesperados Mike y Patty Bradbury, padres de Laura, fue una "experiencia devastadora" para ellos, según *Los Angeles Times*[7] ¿Por qué? Porque se sentían como si estuvieran abandonando a su hija. ¡Qué sentimiento tan doloroso y al mismo tiempo ineludible! Según la opinión de los expertos aquel debía considerarse un "tiempo de perder". Salomón vio esto en sus días igual que nosotros lo vemos en los nuestros.

10. *Tiempo de guardar, y tiempo de desechar.* Cuando leo esa línea pienso en mi propio armario, ¿usted no? Llega un momento en el cual uno no puede meter allí ni una prenda de vestir más a menos que remodele la casa; así que es hora de sacar parte de la ropa y dársela a algún amigo, o cargarla hasta una organización caritativa.

Hay una ocasión para vaciar el garaje y deshacernos de todo eso... un tiempo de tirar el exceso de equipaje y comenzar de nuevo en la vida.

Y también hay un momento de guardar. Algunas cosas jamás se tiran; y uno preferiría morir antes que separarse de ellas —como todos esos objetos que van a parar al baúl que usted tiene en la buhardilla o en el sótano.

11. *Tiempo de romper, y tiempo de coser.* Esto parece armonizar con la frase anterior; y la siguiente... ¡Ay cómo me gustaría saber eso con tiempo!

12. *Tiempo de callar, y tiempo de hablar.* ¿No le gustaría a usted que se enviara a alguien invisible que estuviera a su

lado y le dijera: "Mira, habla ahora", cuando debiera hacerlo? Y también, que cuando no fuera el momento de estar hablando, ese mismo sabio consejero le indicase: "Oye, calla; no digas nada." La mayoría de las veces somos más prudentes si hablamos menos. He oído a alguien reconocer: "Nunca me han pesado las cosas que *no* he dicho." Sin embargo, hay otras ocasiones en las que necesitamos decir algo, y decirlo bien; en las que a pesar de tener una lucha interior, deberíamos ponernos en pie y hablar, aunque a otra gente podamos parecerles ridículos.

Cuanto más vivo, tanto más deseo escuchar a las personas sabias: no precisamente a aquellos que son inteligentes; antes bien a los prudentes. El individuo que es sabio, no sólo tiene inteligencia, sino que comprende la vida y puede ayudarle a uno a poner orden en la misma. Supongo que esta es una de las razones por las que aprecio a Alexander Soljenitsyn. Comprendo que él está lejos de ser perfecto, como todo el mundo; pero pienso que usted coincidirá conmigo en que se trata de un hombre sabio y experimentado.

Hace un par de años, preguntaron a Soljenitsyn en una entrevista para el *Wall Street Journal*: "¿Qué esperanza hay para el mundo occidental?" Su respuesta debió hacer que muchos se quedaran sin aliento.

> Es muy posible que el tiempo en el cual el Occidente era capaz de salvarse por sus propios esfuerzos, haya pasado. Su salvación requeriría un cambio completo en sus actitudes, cuando en realidad dichas actitudes se mueven todavía en la dirección equivocada. En vez de ceñirse para la lucha, el mundo occidental espera aún que algunas fuerzas externas lo salven mediante algún tipo de milagro: tal vez un milagro en el Kremlin. La solidaridad fue aclamada como esa clase de portento; pero el único milagro por el que pueden orar los occidentales es por un cambio profundo en su propio corazón.[8]

A continuación le hicieron otra pregunta: "¿Y qué me dice de nuestros jóvenes y de la preocupación que sienten por el desarme?" Soljenitsyn contestó sabiamente:

> Es normal tener miedo de las armas nucleares; yo no censuraría a nadie por ello. Sin embargo, la generación que está saliendo en la actualidad de las escuelas occidentales es incapaz de distinguir el bien del mal (incluso esas palabras se consi-

deran inaceptables). La consecuencia de esto es un menoscabo de la capacidad de pensar. Isaac Newton, por ejemplo, nunca habría sido engañado por el comunismo; esos jóvenes, sin embargo, pronto mirarán las fotografías de sus propias manifestaciones y derramarán lágrimas. Pero ya será demasiado tarde. Yo les digo: "Están protestando contra las armas nucleares; pero ¿se hallan dispuestos para defender su patria con armamento convencional?" ¡No! Esa juventud no está preparada para ningún tipo de lucha.[9]

Otra pregunta fue: "¿Tenemos alguna dolencia moral importante que sea posible identificar?" A la que contestó:

Aparte de la cobardía, el egoísmo. Se oye un constante clamor por derechos, y más derechos; pero muy poco acerca de la responsabilidad. Además, hemos olvidado a Dios.[10]

Es cierto que Soljenitsyn demostró sabiduría; pero también valor; un valor fuerte, resuelto, franco. Según las palabras de Salomón, al igual que hay ocasiones en las cuales se debe callar, hay otras en las que es apropiado hablar. Alexander Soljenitsyn tenía que expresarse y cuando nosotros podemos aportar algo deberíamos hacerlo.

Usted tiene la responsabilidad de declarar sus convicciones, de ser fiel a su carácter y a su herencia. Debe hablar la verdad como usted la entiende. Es cierto que hay un tiempo de callar, pero no hemos de vivir como monjes estoicos perpetuamente mudos y neutrales cuando nos enfrentamos a temas y situaciones que afectarán nuestro futuro. Una vez más Salomón tenía razón: hay un tiempo de callar y un tiempo de hablar.

13. *Tiempo de amar, y tiempo de aborrecer*. He aquí otro contraste que nos hace sentirnos incómodos. Pertenecemos a una generación que ha hablado tanto de amor, que la mayoría de nosotros nos sentimos prácticamente asqueados de esa palabra. Pareciera que estamos enamorados del amor: un amor casi irreflexivo, que no distingue, crédulo... ¡amamos cualquier cosa!

Pero esta declaración de Salomón (en realidad es de Dios) pone el asunto en su debida perspectiva: hay un tiempo para demostrar amor y otro para aborrecer. Los actos de injusticia, de parcialidad y la falta de equidad deberían ser odiados y resistidos. Recuerdo cuando leí una biografía de Abraham Lincoln. La primera vez que el joven Lincoln vio a un esclavo de carne y hueso metido en un cepo y puesto a la venta en Nueva Orleáns, sintió repugnancia. Estas fueron sus palabras: "Sentí un odio creciente en mi interior contra la esclavitud; y juré si algún día podía hacer algo al respecto, lo haría." Odiaba la esclavitud con toda su alma. Hay un tiempo de aborrecer, y otro de amar.

Por último, el antiguo monarca menciona un contraste de lo que más nos afecta como nación.

14. Tiempo de guerra, y tiempo de paz. Cuando la tiranía atropella los derechos de la humanidad, es necesaria la guerra. A menudo estamos sentados en un lugar tranquilo mientras adoramos, y rendimos culto a Dios sin temor a los abusos de las autoridades porque alguien ha luchado por el derecho a ser oído y a expresarse libremente, a luchar y (si es necesario) a morir por lo que uno cree que es la verdad. Hay tiempo de guerra.

Mientras escribo estas palabras, estoy consciente de que vivimos en una era volátil en la cual la gente lo lleva a uno a juicio a la menor provocación. Continuamente estamos oyendo cosas como: "Estoy en mi derecho", "Yo también tengo mis derechos", "derecho a la intimidad", "derecho a lo que deseo", "derecho a la voluntad", "derecho a hacer lo que me venga en gana", "Dame mis derechos o ya verás". Tal vez en este sentido extremo, Salomón añade: "Y tiempo de paz."

¿Es usted un pacificador? ¿Mantiene la paz? ¿Promueve dicha paz en su vecindario? ¿Actúa como pacificador en la iglesia a la que asiste? ¿Está usted consciente de que ese es un requisito fundamental? Somos llamados a "guardar la unidad del Espíritu en el vínculo de la paz". ¿Mantiene usted la paz en los grupos sociales con los que se trata, o promueve conflictos? ¿Silencia los rumores o los transmite? ¿Es usted un pacificador que fomenta y guarda la paz, o hace usted la guerra? Hay tiempo de guerra, y tiempo de paz.

Si usted repasa esta larga lista de contraposiciones, probablemente usted comience a sentir una tensión que es imposible pasar por alto. En ocasiones, ni usted ni yo sabemos cuál es la reacción apropiada; otras veces, comprendemos lo que deberíamos hacer, pero todavía no ha llegado la hora. Hacer lo correcto en el momento erróneo puede ser casi tan malo como no hacerlo. ¿Verdad que resulta difícil saber en qué "tiempo" está uno? Con frecuencia, al buscar la respuesta a nuestras preguntas surgen otras preguntas nuevas.

Dos preguntas que lo abarcan todo

Al llegar al final de la lista, dos preguntas parecen saltar de esta página del diario de Salomón: una de ellas está formulada, y la otra implícita. La primera es: *¿De qué aprovecha?* Cuando uno considera la vida y la reduce a lo esencial, ¿qué provecho se obtiene? ¿Cuál es la ganancia o la razón?

Para ampliar la pregunta y enlazarla con esta cuestión del tiempo, Dios me da 86.400 segundos cada mañana; y ¿qué queda de ellos al final del día? En cierta ocasión vi en una fotografía la señal de tráfico tan familiar que indica un callejón sin salida, sobre la cual alguien había pintado: "¿Hay algo que no lo sea?"

Salomón nos dejó una larga lista de contraposiciones: catorce positivas y otras catorce negativas. De alguna manera dichas contraposiciones parecen anularse unas a otras, dando como resultado cero. Muchas de esas tensiones entre extremos, me dejan en un callejón sin salida. ¿De qué aprovecha?

Esto no es sólo lo que pretende destacar esta sección, sino el mensaje de todo el diario. Debajo del sol, cuando uno analiza todos los estratos de la vida, al reducirla a lo fundamental y darse a ella a un ritmo de 86.400 segundos diarios, lo que obtiene es cero. Eso, naturalmente, si se trata sólo de un viaje horizontal desde el nacimiento hasta la muerte. Cuando uno deja a Dios fuera de la escena, ni 86.000 millones de segundos al día le sirven de nada; todavía es algo sin provecho.

El tiempo para reir está vacío; es aterrorizante que el tiempo nos mate; el tiempo en el que endechamos nos parece eterno, al igual que en el que esparcimos piedras; el de juntar piedras y abrazarnos unos a otros dan la impresión de meras actividades inútiles si no tenemos a Dios. Es todo tan vacío; tanto como la guerra y la paz sucesivas. ¡Qué ciclo tan miserable! ¿De qué aprovecha?

La segunda pregunta es: *¿Qué propósito tiene?* ¿Hacia

dónde va la vida? Eso no lo aprenderá usted en las universidades: puede obtener un título de postgraduación de alguna facultad, o incluso varios; sin embargo seguirá sin saber a dónde se dirige la vida. Las universidades no están ideadas para decírselo; sino para ayudarlo a dudar, interrogar y discutir acerca de la existencia en ellas uno se gradúa después de que ha aprendido las preguntas, no las respuestas; ¡y esas preguntas no resuelven nada! De hecho, en muchas instituciones de estudios superiores, se le considera a uno intelectualmente incompetente si llega a conclusiones definitivas. Lo importante es hacer preguntas, no contestarlas; uno las plantea, no las resuelve. En nuestro mundo humanista, se tiene la falsa idea de que esa gente se está haciendo cada vez más brillante, cuando de hecho cada día su confusión es mayor. Como pregunta Salomón: ¿A dónde conduce todo? "¿Qué provecho tiene el que trabaja, de aquello en que se afana?"

Conclusiones de suma importancia

Lo que necesitamos son algunas conclusiones que despojen a la vida de su inutilidad; y me agrada poder anunciar que eso es precisamente lo que nos da Salomón: incluso introduciendo el nombre de Dios (¡algo horripilante para un hombre que lleva a cabo un viaje horizontal!). "Yo he visto el trabajo que Dios ha dado a los hijos de los hombres para se ocupen en él. Todo lo hizo hermoso en su tiempo" (3:10, 11).

Primeramente, *Dios todo lo hizo hermoso en su tiempo*. ¡Qué afirmación tan importante! ¡Esto es algo que jamás debemos olvidar! Se trata de la primera vez que en este esquema de pensamiento el escritor le proporciona a uno algo "*encima del cielo*" sobre lo cual resulta posible edificar.

¡Dios lo ha hecho todo *hermoso* en su tiempo! Cuando Él nos da la perspectiva que necesitamos, nuestros tiempos se vuelven razonables y llenos de significado. Una vez que todo ocupa su lugar; cuando cada una de las piezas del rompecabezas encaja con las demás. . . surge la belleza. Esto le recuerda a uno cierto coro de adoración que a los cristianos les gusta mucho cantar cuando se reúnen; nació precisamente de esta declaración del libro del Eclesiastés, y dice así:

En su tiempo, en su tiempo,
Todo lo hace hermoso
En su tiempo.
Señor, muéstrame cada día,
Mientras me enseñas tu camino,
Que haces exactamente lo que dices
En tu tiempo.[11]

¡Cuánto fallamos cuando no aprovechamos el tiempo de Dios! Si miro la vida estrictamente como se despliega delante de mí; si dejo de verla a través de los lentes de la fe, maldigo, lanzo juramentos, peleo, blando mi puño delante de Dios. Pero cuando la contemplo con los ojos del Señor, en su tiempo, el maravilloso cuadro toma forma; y al suceder esto, lo alabo.

Entonces veo propósito en la tragedia, razón en la calamidad. . . ; puedo reconocer el obrar de la mano soberana de Dios, mientras El me recuerda que todavía lo tiene todo bajo control. Admito mi necesidad de una mayor dependencia de El; y al hacerlo, le cedo gustosamente las riendas. (Fácil de decir, pero difícil de hacer.)

Vayamos ahora a la segunda conclusión: "Y ha puesto eternidad en el corazón de ellos, sin que alcance el hombre a entender la obra que ha hecho Dios desde el principio hasta el fin" (v. 11b).

De qué se trata? *Dios ha puesto eternidad en nuestro corazón.* ¿Y qué quiere decir eso? Bueno permítame echarle una mano con la palabra clave: *eternidad*; y ampliemos su significado la "curiosidad acerca del futuro que nos aguarda".

Dios no sólo ha puesto las cosas en perspectiva estableciendo un horario según el cual suceden los acontecimientos; sino también una curiosidad en el corazón de cada ser humano acerca del mañana: una capacidad eterna que me impulsa a investigar, a sentir intriga, a buscar. Eso explica por qué su hijo, varón o hembra, tan pronto como es capaz de andar por la casa y hablar empieza a hacer preguntas sobre el futuro, sobre la vida, y sobre el más allá. Los niños pueden preguntar cosas muy profundas; y cuando crecen, no dejan de interrogar. Así hizo Dios a los seres humanos; El no ha puesto eternidad en el corazón de los animales, sino sólo en el del hombre. Y puesto que esto es cierto, y que sin Dios no sabremos lo que pasará mañana, hemos de buscarlo a El.

¿Y eso qué significa? Pues que usted y yo no estamos realmente preparados para afrontar la vida, a menos que lo estemos para enfrentarnos a la muerte; es extraordinario cuánto puede afectar nuestra vida temporal el que pongamos bien en su sitio la eternidad.

Permítame volver adónde empezamos: ¿Ha contestado usted a esa pregunta? ¿Sabe usted en qué tiempo está? ¡Ahora es el tiempo de resolver lo concerniente a la eternidad!

Al principio de este capítulo jugamos a imaginar; y luego volvimos nuestra atención a otras consideraciones más serias. Ahora quisiera sugerirle que nos concentráramos por entero en planear el futuro. Puesto que Dios ha puesto eternidad en nuestro corazón, y que El todo lo hace hermoso en su tiempo, necesitamos concentrarnos en hacer planes anticipadamente o nunca colocaremos el asunto en su debida perspectiva. En vez de machacar sobre el tema, permítame abordarlo de una manera un poco más original.

"Los trombones de Dios" es una serie de siete sermones escritos en verso por James Johnson; una recopilación de mensajes de la cultura negra de los años veinte; y si ha escuchado alguna vez a algún predicador negro norteamericano, habrá oído términos muy descriptivos acerca del tema que sea: la creación, la vida, la muerte y, en este caso, el día del juicio final. Repare especialmente en cómo ese predicador describe la vida después de la muerte cuando "el tiempo no será más":

> En ese gran día,
> En ese gran día, óiganme bien,
> Dios hará llover fuego sobre la tierra;
> Se sentará en medio del aire
> Para juzgar a vivos y muertos.

> Una de estas mañanas, temprano,
> Dios mandará llamar a Gabriel
> —ese ángel alto y resplandeciente—,
> Y le dirá: "Gabriel,
> Haz sonar tu trompeta de plata,
> y despierta a las naciones vivientes."

> Y Gabriel le preguntará: "Señor,
> ¿Cuán fuerte he de tocarla?
> Dios le responderá: Hazlo

Suave y sosegadamente."
Entonces, Gabriel,
Poniendo un pie en la cumbre de la montaña
Y el otro en medio del mar,
Hará sonar su cuerno y despertará
a las naciones vivientes.

¡Oh, oh, pecador!
¿Dónde estarás tú
En ese gran día en que Dios hará llover
fuego sobre la tierra?
¡Y tú, jugador!. . . ¿Dónde estarás?
¡Y tú, hombre adúltero!
Mentirosos y apóstatas,
¿dónde estarán ustedes
En ese gran día en que Dios hará llover
fuego sobre la tierra?

Entonces Dios separará las ovejas de las cabras,
Unas a su derecha, y otras a su izquierda.
Y a los de la derecha, dirá:
"Entren en mi reino."
Y aquellos que han pasado
por grandes tribulaciones,
Y lavado sus túnicas en la sangre del Cordero,
Esos entrarán
Vestidos de un blanco resplandeciente.

Y a aquellos de la izquierda, Dios les dirá:
"Aparténse de mí a las tinieblas eternas,
A lo profundo del pozo insondable. . ."
Y los malvados empezarán a caer como bultos de plomo.
Caerán de cabeza durante siete días y siete noches,
Derechos a la boca ancha, negra y candente del infierno.

¡Demasiado tarde, pecador! ¡Demasiado tarde!
¡Adiós, pecador. . . adiós!
¡Al infierno, pecador! ¡Al infierno!
Más allá del alcance del amor de Dios.

Y escucho una voz que exclama y grita:
"¡El tiempo no será más!
¡El tiempo no será más!
¡El tiempo no será más!"
Y el sol se apagará como una vela con el viento,
La luna se convertirá en sangre que chorrea,
Las estrellas caerán como pavesas,
Y el mar arderá cual brea;
Y la tierra se fundirá y disolverá,

Y el cielo se enrollará como un pergamino.
Con un movimiento de su mano
Dios hará desaparecer el tiempo,
Y pondrá en marcha la rueda de la eternidad.
¡Oh pecador... pecador!
¿Dónde estarás tú
En ese gran día en que Dios hará llover
fuego sobre la tierra.[12]

El tiempo ha comenzado para usted y para mí; pero por la gracia de Dios todavía no ha terminado. ¿Está usted listo para ese momento en el cual El "hará desaparecer el tiempo y pondrá en marcha la rueda de la eternidad"? ¿Qué esperanza tendrá usted; qué confianza segura, cuando Dios aparezca en escena y diga: "El tiempo no será más"? Si usted no cuenta con la completa certeza de que al exhalar su último suspiro tendrá el cielo por destino, ni siquiera está preparado para vivir.

Yo le señalo a Jesucristo, quien vino a dar esperanza, perdón y seguridad al hombre, además de la eternidad en el corazón. Lea la frase siguiente con mucha atención: "Mas a todos los que le recibieron, a los que creen en su nombre [de Cristo], les dio potestad de ser hechos hijos de Dios" (Juan 1:12) (corchetes del autor).

El don de la vida eterna está disponible para todos; de modo que tómelo cuando aún tiene tiempo. Además de la lista de contrastes de Salomón, todavía hay uno que merece la pena considerar: tiempo de rechazar, y tiempo de aceptar; haga que sea este su tiempo de aceptar.

6
INTERLUDIO DE DISCERNIMIENTO INUSITADO

Pero si bien Dios ha plantado la eternidad en el corazón de los hombres, el hombre es incapaz de una plena visión de la obra de Dios de principio a fin. Llego así a esta conclusión: primero, que no hay para el hombre nada mejor que ser feliz y pasarla bien mientras pueda; segundo, que debe comer, beber y disfrutar del fruto de su trabajo, pues que estos son dones de Dios.

Y esto sé: que todo lo que Dios hace es exacto; nada puede añadírsele ni quitársele; lo que Dios se propone con ello es que el hombre tema al Omnipotente.

Lo que ahora existe ya existió en la antigüedad, y lo que va a existir ya ha existido; Dios hace que vuelva lo que ya fue en el lejano pasado y desapareció.

—Paráfrasis de Eclesiastés, por el autor

El estar ligado a la tierra, sabe usted, lleva consigo cierto número de limitaciones: la fuerza de gravedad, por ejemplo, nos sujeta continuamente; y todo lo que sube debe bajar, algunas veces más aprisa de lo que esperamos.

Además, la mayoría de nosotros tenemos relativamente poco conocimiento de los vastos espacios y de las numerosas galaxias que hay fuera de nuestro sistema solar. Lo más que podemos hacer es imaginárnoslos; y ésa es la razón por la cual nos gusta dejar volar nuestra fantasía mediante las experiencias de personajes imaginarios, o por los relatos descriptivos de uno de esos *verdaderos* hombres del espacio: un astronauta.

Nunca olvidaré mi conversación con uno de los integrantes del equipo que anduvo con éxito sobre la luna años atrás. Cierta noche pude escuchar interesadísimo cómo el coronel James B. Irwin nos refería a unos pocos en una cena, la vida fuera de la atmósfera terráquea. La mayoría de las cosas que compartió sucedieron en una cápsula espacial libre del poder de la gravedad. James Irwin nos habló de cierta ocasión en la que él y sus compañeros se acercaron flotando hasta la ventanilla y fueron testigos de lo que llamaron una "salida de tierra". Aquello captó mi atención de inmediato: toda mi atención de inmediato: toda mi vida he contemplado salidas de sol, pero dudo que algún día llegue a ver una de tierra. Sin embargo, lo mejor de todo era que no se trataba de algo imaginado por cierto pensador creativo, sino de una salida de la tierra real presenciada por ojos humanos desde una posición ventajosa diferente de la de aquellos que estamos unidos a este planeta.

Lo que nos pasa a los terrícolas es que estamos atados (nos guste o no) a un estilo de vida rutinario, aburrido, predecible, el cual a menudo *no* nos agrada. Esto es algo que nos encantaría poder cambiar; pero Dios ha ideado la vida de manera que sólo podamos ver una cantidad de cosas limitada dentro del ámbito de nuestro planeta. Aunque usted y yo viajemos dando la vuelta al mundo y contemplemos muchas vistas interesantes, no habrá demasiadas que sean del todo nuevas.

Los terrícolas y los sitios que hay en la tierra son bastante fáciles de predecir; si comparamos esto con esa "galaxia muy, muy lejana" no es sino Tediolandia. ¡Bienvenido a la vida en el plano horizontal!

LA VIDA SIN DIOS

En el libro del Eclesiastés no encontrará usted ni un solo personaje ficticio, ni tampoco puede decirse que mucha originalidad en lo concerniente a la vida sobre la tierra. De igual manera, no hay en él ni una palabra acerca de tal o cual galaxia muy, muy lejana. Lo que sí hallará usted en el Eclesiastés será verdad inspirada respecto a la existencia, no necesita buscar demasiado lejos. Esta dura realidad que llamamos vida terrena es algo entre triste y malo. ¿Quién no querría escapar de una existencia tan aburrida y penosa como la nuestra? Para muchos es simplemente horrible: adicción a las drogas, noches sin dormir, dolores de cabeza, congojas; odio, violaciones, asaltos, condenas; enfermedad y dolor; vidas destrozadas, mentes pervertidas. Como Salomón descubrió hace mucho, la vida es principalmente algo *vacío*: no hay nada debajo del sol que pueda darnos a usted o a mí un sentimiento de satisfacción duradera. ¡Así está planeado! ¿De qué otra manera comprenderíamos si no nuestra necesidad del Dios vivo?

Sin importar lo bueno que usted puede ser en el ejercicio de su profesión, gran parte de dicho ejercicio resulta aburrido. No tiene que decirme lo grande que es su casa, ni lo emocionante que se presenta su futuro. Por mucho que trabaje, por alto que sea el sueldo que percibe, a pesar de toda la sinceridad de sus esfuerzos, cuando reduce su vida a lo más elemental, cuando apaga las luces por la noche... usted vuelve a la realidad: todo es un *aburrimiento*; algo horriblemente vacío. Para citar al realista Salomón: resulta lo mismo que perseguir el viento.

Usted trabaja para ganar dinero, y poder gastarlo; para volver a trabajar a fin de ganar más; para gastar nuevamente dicho dinero con objeto de conseguir más aún; lo cual significa que usted gasta más y trabaja adicionalmente a fin de obtener una cantidad mayor de dinero. Así marcha este ciclo interminable conocido como "perseguir el viento".

Esto explica por qué millones de personas harán cola para ver una película fantástica y contemplarán asombradas y silenciosas en sus asientos el mundo imaginario de alguien, compuesto por personajes ficticios que hacen cosas ficticias: por lo terrible e invariablemente aburrida que es la vida.

Para expresarlo de forma contundente: la vida en el planeta tierra *sin* Dios es el infierno y si me permite repetir aquello que trato de resaltar (Salomón lo hace muchas veces.): así es como Dios planeó que fuese, así lo quiso: El colocó dentro de nosotros un vacío con su forma; el cual sólo El mismo puede llenar; hasta que Dios entra en dicho vacío, nada nos satisface. No hay mayor infierno en la tierra que la vida horizontal sin Dios.

¿Puede usted imaginarse lo que debe suponer el ser educado en un país que enseña a todo el mundo que "no hay Dios"? Tal vez recuerde aquel atleta soviético que siguiendo las instrucciones de su entrenador de dar un salto mortal de tres vueltas y media desde el trampolín, se abrió la cabeza en una plataforma de diez metros. Hoy está muerto.

Aquella tragedia hizo que me detuviese a meditar sobre cómo me sentiría si fuera un padre en la Unión Soviética y estuviese sentado en una sala de hospital viendo a mi hijo en la cama, moribundo, delante de mí. Piénselo: puede verme allí sentado, incapaz de hacer nada para reanimarlo; sin Dios alguno con quien hablar. No recibo ningún consuelo del Ser Supremo, ya que no creo que exista; y no hay nadie que pueda rodearme con su brazo y decirme que todo el asunto responde a un propósito eterno.

Para que el rompecabezas de mi vida tenga sentido necesito una dimensión más; de otro modo, estaré atrapado en una existencia inútil, sin propósito, aburrida, vacía. Y lo mismo pasa con cualquiera que viva sin Dios: su vecino, el hombre que trabaja con usted, la señora del escritorio de al lado, los otros estudiantes de la clase, el catedrático o profesor, hasta los cargos administrativos y el presidente de la corporación.

El Eclesiastés lo dice francamente. Mire el capítulo 3 y versículo 9 del mismo: "¿Qué provecho tiene el que trabaja, de aquello en que se afana?" La respuesta es ninguno, ¡nada en absoluto!

Pero, de repente, el escritor empuja una puerta y la abre. Casi podemos oír el chirrido. En música llamamos a esa clase de transición *interludio*. Salomón inserta aquí un cambio de ritmo no anunciado pero muy necesario.

LA VIDA CON DIOS

Este interludio está lleno de perspicacia. Como el gozne de una puerta, la transición provee un eje de giro que nos lleva de una fase de esta búsqueda a otra; y en este mismo momento, silenciosa pero soberanamente, entra el extraterrestre que George Lucas dejó afuera: *el Dios viviente*, Creador del cielo y de la tierra; el único que puede cambiar mi enfoque. Y lo maravilloso es que, cuando El sale al escenario y me da esas gafas por medio de las cuales puedo ver las cosas desde una nueva perspectiva, la vida cambia. . . del aburrimiento y la futilidad, de la esterilidad y la falta de propósito, al sentido, la dirección, la definición, la esperanza, el aliento. Y lo mejor de todo es que se ve liberada de la desesperación.

Quiero que en esta sección del diario de Salomón usted repare en dos o tres cosas acerca de Dios: primeramente, veremos qué *hace* (dispone) Dios; luego qué *da* Dios; y por último, qué *hace* (realiza Dios).

Lo que Dios hace (dispone)

"Todo lo hizo hermoso en su tiempo; y ha puesto eternidad en el corazón de ellos, sin que alcance el hombre a entender la obra que ha hecho Dios desde el principio hasta el fin" (3:11).

Cuando Dios entra en escena y vemos la vida por medio de sus ojos, lo primero que descubrimos es que *El hace todo hermoso.* Cuando Dios toma el control, surge la belleza. Ya desarrollamos esa idea en el capítulo anterior.

Uno de los versículo favoritos de los cristianos es Romanos 8:28: "Y sabemos que a los que aman a Dios, todas las cosas les ayudan a bien, esto es, a los que conforme a su propósito son llamados."

Este versículo no dice que "todas las cosas son buenas" —del mismo modo que el comentario de Salomón tampoco expresa que "todo es hermoso"—, sino que "todas las cosas son buenas cuando ayudan al cumplimiento de su propósito". Expresa que "todo lo hace hermoso *en su tiempo*". Y tengo algo que decir a aquellos que forcejean con el horario de Dios: Quizás no vean en su vida el tiempo del Señor plenamente cumplido. Tal vez vivan hasta una edad avanzada, llevando a cabo la razón de su existencia, y mueran poco antes de que todo el programa de Dios haya alcanzado su propósito final y completo; pero la promesa divina sigue firme: El todo lo hará hermoso en su tiempo.

Para serle franco, nuestro problema consiste en que enfocamos la atención allí donde no debemos. Nosotros miramos el velludo y feo capullo; pero Dios planea y pone en marcha la mariposa. Reparamos en el doloroso y horrible proceso; mientras que El está produciendo lo valioso del producto. Vemos el hoy; El trabaja en lo eterno. Quedamos cautivados por el envoltorio; Dios se concentra en el regalo. . . en la esencia misma. Miramos lo externo; El subraya lo interno. Dios hace todo hermoso en su tiempo; incluso la pérdida de un ser querido, su paso por el hospital, sus fracasos, su quebrantamiento, sus batallas, sus sueños fragmentados, su relación sentimental acabada, su congoja, su enfermedad... sí, aún su enfermedad terminal. Y un comentario más acerca de esto: Dios no diría "todo" si no quisiera dar a entender eso mismo. La promesa abarca todo aquello por lo que usted atraviesa. El lo hace hermoso en su tiempo. Sin Dios, la vida no tiene propósito, es estéril, miserable y falta de significado; con El, al final tendrá sentido.

Hay una cosa más que Dios hace: "Y ha puesto eternidad en el corazón de ellos" (*El hace a todo el mundo curioso*). Cuando Salomón expresa que "El pone eternidad en nuestro corazón", tiene en mente la capacidad del ser humano para ver más allá del presente.

Dios nos ha dado esa inquietud eterna por el mañana; nos hace curiosos acerca de lo que está por acontecer; El pone en nosotros hambre de saber lo que viene a continuación. Por esa razón debemos tener esperanza para seguir adelante. La bestia en el campo no necesita de esa esperanza en absoluto: la vieja mula puede arar continuamente sin contar con esperanza alguna de un mañana distinto; pero usted y yo no. Nosotros nos imaginamos la escena de inmediato: una vez que hemos arado por primera vez, sabemos que la próxima ocasión en que tengamos que hacerlo habrá muchas razones emocionantes para ello.

Dios ha dado a los seres humanos la capacidad de ver más allá del presente; lo que no ha hecho con ninguna otra criatura. Ha puesto en nuestro corazón eternidad, sin la cual el hombre no puede alcanzar a "entender la obra que ha hecho Dios desde el principio hasta *el fin*" (cursivas del autor).

He escrito "el fin" en cursiva para hacer énfasis; permítame explicar: No se necesita ser muy inteligente para comprender que si hay una salida de sol debe haber asimismo una puesta del mismo; y tomando prestado el término del astronauta, si tiene lugar una "salida de tierra" ha de ocurrir también una "puesta de tierra".

De modo que llevemos esto un paso más allá: Si hubo un comienzo de la tierra, deberá haber igualmente un final para ella; y si yo existo sin Dios en este mundo ciertamente no estoy preparado para que la tierra se acabe y haya de presentarme ante Aquel que me creó. Lo único que eso hace es añadir angustia a todo el paquete. Aunque tenga un título de licenciado en Humanidades, o incluso un doctorado; aunque cuente con cincuenta o sesenta años de viajes por el mundo, no tengo esperanza de poder enfrentar el fin de la tierra. Sin embargo, Dios me ha *dado* esa curiosidad acerca del final; sin la cual jamás descubriré que existe un Dios.

Los personajes fantásticos no encuentran a Dios, ni tampoco los *robots*. Ellos ni siquiera lo buscan; no tienen tal curiosidad. Entonces ¿por qué lo hacemos los seres humanos? Porque Dios nos ha creado así; y si las cosas se ponen lo suficientemente aburridas en esta tierra, es bastante probable para que lo busquemos a El.

Lo que Dios da

Ya que Dios ha hecho todo hermoso y a la humanidad curiosa en cuanto al futuro, ¿qué viene ahora? Pues, echemos un vistazo. Dios nos otorga cuatro dones: "Yo he conocido que no hay para ellos cosa mejor que alegrarse, y hacer bien en su vida; y también que es don de Dios que todo hombre coma y beba, y goce el bien de toda su labor" (3:12, 13).

En primer lugar, *Dios nos da la capacidad de alegrarnos y disfrutar de la vida.*

No hay nada mejor para nosotros que alegrarnos. ¿Ha visto usted alguna vez a una persona que no tiene a Dios disfrutar verdaderamente de la vida como cosa habitual? ¿Y qué me dice de aquel o de aquella que no cuenta con sitio en su vida para Dios? ¿Ha conocido usted a algún individuo así que estuviera alegre constantemente? Yo tampoco.

El único que disfruta y transpira el don de la alegría, es el cristiano. ¿Por qué? Porque sólo Dios puede proporcionar la perspectiva y la esperanza renovadora necesarias para mantener una vida de gozo pase lo que pase, ¡y quiero decir *pase lo que pase!*

En cierta ocasión escuché hablar de un hombre que después de forcejear y luchar con su negocio durante dos decenios, se lo había entregado a Dios. Un día, ese hombre decidió: "¡Ya basta! ¡Estoy harto!" Aquel domingo por la mañana había oído a su pastor hablar acerca del valor que tenía traspasar al Señor el negocio entero de uno, y al partir de la iglesia en su coche fue cuando pensó que ya no quería más dolores de cabeza; en el momento de llegar a su casa había confiado total e inequívocamente su negocio a Dios.

Aquella misma noche se incendiaron las instalaciones de su negocio, y lo llamaron de urgencia. Más bien tranquilo, el hombre fue en su automóvil hasta la residencia comercial y se quedó en la calle mirando cómo el lugar se deshacía en llamas. Parecía estar sonriendo para sí mismo. Entonces uno de sus colegas llegó corriendo a donde él se encontraba, y objetó a su actitud relajada ante lo que estaba sucediendo.

—¡Pero hombre... es que no te das cuenta de lo que le está sucediendo a tu... está ardiendo!

—Lo sé, lo sé —respondió el otro—... No hay problema, José; esta mañana le regalé a Dios la compañía, y si El quiere quemarla, es cosa suya.

Ni siquiera un incendio, un desastre como ese, es suficiente para quitarle a usted el don de la alegría cuando Dios se lo da.

El segundo don que Dios nos otorga es *la capacidad de hacer bien en nuestra vida*. Eso significa exactamente esta afirmación: "Yo he conocido que no hay para ellos cosa mejor que alegrarse, y hacer bien en su vida..." (v.12)

En la actualidad, y con frecuencia, la vida es más bien un intercambio bidireccional que una expresión en un sólo sentido: "Te hago bien porque tú me lo vas a devolver. Te trato amablemente, y a cambio espero de ti que hagas lo mismo conmigo." La reciprocidad nos produce placer; pero Dios dice que El nos ha hecho capaces de realizar el bien en nuestra vida... nos lo devuelvan o no los demás. Y permítame exhortarlo a no esperar: ¡ahora es el momento de hacer bien!

Ni usted ni yo somos de ningún provecho a nadie una vez que nos encontramos a tres metros bajo tierra. Cuando eso sucede, todo ha terminado; no espere hasta entonces para hacerle la vida más feliz a alguien, para dar alguna ayuda financiera, o para expresarle su disponibilidad y socorrerle en algún momento difícil. Tampoco postergue el cuidar los niños de alguien cuando tenga la oportunidad, o de su casa...; o el ayudarle a comprar un automóvil o a estudiar una carrera. No espere hasta después para invertir en la ayuda a los demás. Dios expresa que nos da la capacidad de hacerlo en *nuestra vida*; es un don suyo. Esto quiere decir que nadie puede explicar en términos humanos por qué razón usted lo hace. Sus acciones no proceden de ningún corazón amoroso y compasivo; ya que ni usted ni yo tenemos un corazón así. Admítalo: nuestro corazón es depravado y terriblemente perverso (esa es la clase de naturaleza que poseemos los humanos); si no recibimos ayuda de "encima del sol", estamos perdidos.

Sin embargo, cuando Dios, en la persona de Jesucristo entra en una vida, otorga a ese individuo en otro tiempo egoísta, la capacidad de hacer bien, esto es: de hacer bien sin que se le dé las gracias, se le reconozca, o se le aplauda por ello. Nos sentimos motivados a hacer buenas obras porque la vida de Dios actúa en nosotros. No se trata de una fantasía, estoy hablando de la dura realidad.

Consideremos ahora el tercer don: "Y también que es don de Dios que todo hombre coma y beba, y goce el bien de toda su labor" (v. 13).

Dios nos da un deseo de comer y beber; ese es el don del apetito: la capacidad de disfrutar de nuestra comida. La gente que gana mucho dinero no tiene forzosamente buen apetito. Las personas que viven en lugares selectos no cuentan siempre con un gran deseo de comer. Ese apetito viene de Dios, al igual que el resto de nuestros mecanismos vitales.

Lo mismo pasa con una buena noche de sueño. No es posible comprarla. Se pueden adquirir los narcóticos que lo dejarán a uno fuera de combate y lo mantendrán drogado hasta el día siguiente; pero no la capacidad de quedarse dormido y descansar apaciblemente toda la noche. Eso es don de Dios.

También hay un cuarto don: *Dios nos concede la facultad de gozar el bien de toda nuestra labor*. Para eso necesitamos nueva perspectiva. La perspectiva "debajo del sol" dice: "Para conseguir algo tengo que ganármelo." Sin embargo, aquella "encima del sol" expresa: "Recibes lo que jamás merecerás, ni podrás ganar nunca —perdón, vida eterna, gracia, esperanza, una razón para vivir—, de todos modos."

En el diario de Salomón hemos visto lo que Dios *hace (dispone)*: El hace todo hermoso en su tiempo; y a nosotros nos da curiosidad en cuanto a nuestro futuro. También hemos descubierto lo que Dios *da*: la capacidad de alegrarnos, de hacer bien, el apetito, y el gozarnos en nuestro trabajo.

Lo que Dios hace (realiza)

En este interludio de extraordinario discernimiento, lo mejor se reserva para el final; me refiero a lo que Dios *lleva a cabo*: "He entendido que todo lo que Dios hace será perpetuo; sobre aquello no se añadirá, ni de ello se disminuirá; y lo hace Dios, para que delante de él teman los hombres. Aquello que fue, ya es; y lo que ha de ser, fue ya; y Dios restaura lo que pasó" (vv. 14, 15).

Las primeras dos cosas que Salomón menciona aquí subrayan la calidad de las acciones de Dios: éstas son *permanentes* y *completas*; Dios es cabal. Por otra parte, las dos últimas a las que se refiere, destacan la actividad divina en sí: *Dios realiza acciones que cultivan el respeto por El*, y *repite las cosas hasta que las aprendemos* y quedan grabadas de modo indeleble en nuestra vida. Dediquemos unos momentos a pensar acerca de cada una de ellas.

Primeramente, considere la calidad de la obra de Dios: dicha obra *es permanente*. Todo lo que El hace lo es ("permanecerá para siempre"). Dios no hace nada somera o superficialmente, ni tampoco aplica una delgada hoja de madera. Su obra es sólida, firme, segura. . . soporta; estará ahí mañana y durante una eternidad futura. Si Dios lo hace, usted puede tomar nota de ello: es permanente.

Segundo: *es cabal y completa*. No puede añadírsele nada (de modo que cuando llega no le falta nada), ni tampoco se le puede quitar cosa alguna (así que nunca resulta excesiva o superflua). ¿Verdad que es magnífico? Todo lo que Dios hace es cabal: jamás se queda corto, ni llega demasiado tarde. . . nunca es excesivo, acontece demasiado pronto o le falta algo.

No mucho después de que mi hija pequeña, Colleen, obtuviera su primer automóvil, le dió un pequeño golpe y le quedó una abolladura en el guardafangos, como consecuencia se le rompió el bombillo delantero derecho y fue necesario comprar el cristal que lo cubre. Como se trataba meramente de un cristal

Interludio de discernimiento inusitado / 95

barato que se enrosca, le dije a Colleen:
—No te preocupes, hijita; yo me ocuparé de ello.
De manera que fui al lugar donde había comprado el automóvil y le dije al vendedor:
—Quisiera un cristal para el bombillo delantero derecho de mi automóvil.
—Muy bien —contestó el hombre—; ¿cuál es el número de la pieza?
Miramos en el catálogo, él anotó el número, y fue a buscarla, luego volvió y dijo:
—Tenemos que pedirla.
—Está bien, esperaremos —respondí.
—Tardará bastante —me advirtió.
—No me importa —le aseguré—, puede pedirla.
De modo que así lo hizo. Yo me quedé allí observando, a fin de cerciorarme de que anotaba el número correcto.
Cuando llegó la pieza, resultó ser el cristal izquierdo trasero para otro modelo. . . ¡e incluso de otro año! Yo no podía creerlo.
Así que volvimos a realizar el mismo procedimiento. Yo vi el catálogo y dije:
—Ya sabe esta de aquí; es la que escogimos hace cinco semanas.
El hombre bostezó, me miró inexpresivamente e hizo un nuevo pedido de la pieza. A la tercera visita solucionamos por fin el asunto: algo tan sencillo se había convertido en una cosa tan complicada.
Cuando el *hombre* hace algo, casi siempre se olvida de alguna cosa; o hay algo que es necesario añadir a su obra para que esté bien. ¡No somos cabales, ni realizamos un trabajo permanente! Diseñamos las cosas para que rápidamente se vuelvan anticuadas, para desalentar a la gente, para hacernos llorar, gritar y dar vueltas en círculo.
Dios no hace eso, realiza las cosas a conciencia. . . completa y permanentemente. Y cuando uno ve la obra de Dios, ¿sabe usted lo que pasa? Que le invade el temor reverente ("para que delante de él teman los hombres").
Esa es la tercera cosa que Dios hace: realiza cosas que cultivan un respeto por Él. *¡Dios es majestuoso!* ¿Cuánto tiempo hace que echó usted por última vez un vistazo a una montaña?

Uno no contempla las fotos del Everest y expresa: "Mira que monte tan bonito, quizás un poco más alto que algunas montañas." Tampoco observa los glaciares de Alaska y dice: "Pues sí que es un lindo glaciar." No, se queda mirándolos admirado en silencio.

Recuerdo cuando mi batallón de *Infantes de marina* voló sobre el Monte Fuji, en Japón. Ni siquiera un hombre de los que iban en nuestro avión dijo cuando miró por la ventanilla y vio el Fuji: "Sí, sí que es bonito." ¡Desde luego que no! Sólo se oían los "clics" de las cámaras fotográficas. . . ¡Se trataba de un tiempo para tomar fotos! ¡Aquel sí que era un Fuji pintoresco e imponente!

¿Y quién hizo el Fuji? ¡Dios! Y al igual que esa montaña, todo el resto de la creación es maravillosa. Piense por ejemplo en las estrellas en el espacio: aunque estudiáramos durante toda nuestra vida no podríamos desentrañar sus misterios. Cuando Dios hace algo, nosotros retrocedemos con respeto, ya que deja todos los logros humanos por el suelo.

Considere ahora de nuevo el comentario del versículo 15: "Aquello que fue, ya es; y lo que ha de ser, fue ya; y Dios restaura lo que pasó." Ahí yace un principio importante: *Dios repite pacientemente las cosas hasta que las aprendemos.* La última parte de esta anotación del diario de Salomón se podría traducirse así: "Y Dios busca lo que se había perdido."

Somos nosotros los que lo hemos alejado, quienes nos hemos apartado; de manera que Dios vuelve a traernos a la misma lección para que la aprendamos de nuevo. Y El no se rinde cuando la alejamos de nosotros. El nos trae a dicha lección una y otra vez hasta que la aprendemos bien. Nosotros nos cansamos de estudiarla, y tratamos de escapar de ella; nos cerramos. Sin embargo, Dios la repite hasta que por último viene la luz a nosotros y la aprendemos. Dios restaura o vuelve a traer aquello de lo que usted y yo tratamos de escapar, e insiste en eso a lo cual usted y yo nos cerramos. El convierte lo que usted cree que es una experiencia temporal y pasajera, en una lección permanente.

Algo que he descubierto en la vida es que, hasta que no aprendemos por completo la lección de una experiencia abrumadora, estamos pasando por dicha lección en diferentes eda-

Interludio de discernimiento inusitado / 97

des y bajo circunstancias distintas. Por ejemplo: Un matrimonio que no funciona dará lugar a otro igual, y luego a otro, hasta que usted comprenda que en realidad el problema es usted mismo.

Y aquí una palabra especial para los pastores: Si usted va de iglesia en iglesia, aprenderá cada vez más, pero seguirá cambiando de sitio, desarraigándose, buscando el lugar ideal para servir. ¡El problema consiste en que cada vez que se traslada tiene que cargar consigo mismo! Y tan pronto como llegue al nuevo sitio, ése será imperfecto; hasta que usted aprenda, que *usted mismo* representa, con toda probabilidad, una parte importante del problema. Dios vuelve y restaura aquello que se ha alejado.

LA VIDA QUE PROCEDE DE DIOS

Hay dos puntos específicos que quisiera destacar en este capítulo. En primer lugar, que *la vida que procede de Dios viene de fuera de esta galaxia, y no de dentro de ella*. Con bastante frecuencia me encuentro con universalistas que creen que en cada persona hay un pedacito de Dios. Eso, sencillamente, no es verdad.

Los universalistas nos dicen que existe tal cosa como la grandeza humana, la bondad humana, el pensamiento positivo, la ayuda y el esfuerzo propios. Ciertamente podemos apreciar esas cosas; pero el único sitio donde nos es posible encontrar vida procedente de Dios, es en su origen: Jesucristo. Jesús dice: "Yo soy el camino, y la verdad, y la vida; nadie viene al Padre, sino por mí" (Juan 14:6). Dios expresa: "Y yo les doy vida eterna; y no perecerán jamás, ni nadie las arrebatará de mi mano" (Juan 10:28).

Dios nos da la "vida verdadera" por medio de Cristo, su Hijo, y sólo por medio de El. Por favor, entienda bien esto; esa es la base del Evangelio, y la razón por la cual Jesús es el mensaje preeminente, no las buenas obras, el pensamiento positivo, los buenos libros, los muchos viajes o el tener una buena preparación (por bien que puedan estar tales cosas). Cristo, y sólo Cristo, le dará a usted la vida de Dios; y El viene de fuera de esta galaxia; no está en ella.

El segundo pensamiento es: *La vida de Dios es un poder sobrenatural ahora, no una fuerza vaga limitada a hace mucho tiempo.* La mayor evidencia del poder es el cambio. Haga una visita a una de esas grandes presas y observe la gran cantidad de agua; es realmente impresionante. Sin embargo, usted no dice: "¡Madre mía, cuánto poder!" Lo que usted contempla no es la mayor evidencia del poder, sino simplemente agua que salta; si desea ver la evidencia de dicho poder tiene que conducir su auto hasta una zona residencial de alguna ciudad cercana que extraiga su electricidad de esa presa, entrar en una habitación oscura a media noche, y encender la luz. Con un simple "clic" ha obtenido usted la mayor evidencia del poder que hay en ese voluminoso embalse, y que es capaz de transformar las tinieblas en luz, y una fría casa en un hogar calentito.

Ahora bien, la noticia maravillosa es que Dios dispensa su poder sobrenatural a todo aquel que dice: "Lo quiero." No le cuesta a uno nada. Usted no necesita ver una película, visitar determinado territorio del país —no hay *mecas*—; tampoco tiene que leer una serie de libros, ni estar a prueba durante un año y medio; no ha de seguir yendo a una iglesia a fin de poder ganar la entrada, ni orar mucho; ni siquiera tiene que "renunciar a sus pecados" (una imposibilidad). Ya sea usted el más rico entre los ricos, o el más pobre de los pobres, o se halle en cualquier sitio entre ambos extremos, todo cuanto tiene que hacer es recibir un regalo; y dicho regalo es el poder de Dios por medio de la fe en su Hijo.

Tal vez haya llegado la hora de que usted haga una pausa y se ocupe de este asunto de una vez. Haga suyo este interludio de inusitado discernimiento. . . y cuando lo haga, amigo mío, el Poder no sólo estará *con* usted, sino *en* usted.

7

CONFESIONES DE UN CINICO

Además, observo que en toda la tierra la justicia está cediendo ante el crimen y que hasta los tribunales de justicia están corrompidos. Yo me dije: "A su tiempo juzgará Dios cuanto hace el hombre: lo bueno y lo malo". Y entonces me di cuenta de que Dios permite que el mundo siga su mal camino... para que los hombres mismos comprendan que no son mejores que las bestias. Porque hombres y animales respiran el mismo aire y unos y otros mueren. De modo que la humanidad no tiene verdadera superioridad sobre las bestias: ¡qué absurdo! A un mismo sitio van todos.... Pues ¿quién podrá demostrar que el espíritu del hombre va a lo alto y que el de los animales desciende al polvo? Comprendí entonces que no hay para los hombres nada mejor que ser felices en su trabajo, porque para eso están aquí... por tanto, que lo disfruten ahora.

—Paráfrasis de Eclesiastés, por el autor

A todos nos gustan los cuentos; especialmente aquellos que tienen un final bonito. No nos importa que haya en los mismos tristeza y penalidades con tal de que por último triunfe la justicia. Nos gusta que gane el bien y pierda el mal; que aquellos que llevan el sombrero blanco salgan ganando, y los que lo tienen negro acaben en la cárcel. Permítame ilustrar esto con algunos cuentos bien conocidos.

Cenicienta

Esta encantadora joven había sido criada en un hogar inhumano por su cruel madrastra, y sus desalmadas hermanastras que, no hacían sino acentuar la desdicha que sufría. Como usted recordará, Cenicienta fue al baile y lo pasó muy bien; pero a la medianoche la carroza en que viajaba se convirtió en una calabaza. Sin embargo eso no nos importó; es aceptable, ya que se le había advertido de la posibilidad de que tal cosa ocurriera, y especialmente por el hecho de que al final obtuvo el zapato de cristal y vivió feliz todos sus días. La justicia había triunfado.

Lo que no hubiéramos podido aceptar, habría sido que alguna de sus crueles hermanastras consiguiera el zapato —aquello habría resultado injusto—; el pie que se merecía dicho zapato era el de Cenicienta. Tan poética justicia nos hace sonreír.

Robin Hood

Cuando yo era niño pensaba mucho en los cuentos de Robin Hood. Usted recordará a Robin: era aquel que despojaba a los que poseían bienes para repartir a quienes no tenían. Al leer aquellas historias nos era necesario usar de algunas triquiñuelas éticas en cuanto a lo que está bien y lo que está mal, pero para nuestra mente infantil tal cosa se hallaba justificada; después de todo, los buenos terminaban en una posición mejor de la que habrían conseguido de otro modo. Así que aplaudimos las audaces intrigas de los cuentos de Robin Hood. ¿Por qué? Porque sabemos que al final prevalece la equidad; por lo menos así parece a nuestra mente infantil.

Lo que no habríamos tolerado hubiera sido descubrir más tarde que Robin Hood era en realidad un estafador con una cuenta bancaria en Suiza y que todo el dinero terminaba allá. No hubiésemos sido capaces de soportar que él despojara a los campesinos para construir su propio imperio, y que luego viviera secretamente en una mansión con el dinero que había ido quitando a los ricos mientras hacía el papel de defensor de los oprimidos.

Podemos conformarnos con los finales tristes, pero no con los injustos; los sufrimientos nos apenan, mientras que las injusticias nos enfurecen. Nuestra mente, como la de los niños, sigue todavía anhelando la justicia y la equidad; aún queremos que las historias acaben bien, de manera que la gente pueda vivir feliz para siempre. Pero la vida no es tan bonita como eso: el bien no triunfa siempre más que en los cuentos. En la vida real, a los desvalidos se les trata a empujones, la gente cruel consigue a menudo el zapato de cristal, y algunos de aquellos que considerábamos dadores generosos y altruistas descubrimos que eran en realidad codiciosos y egoístas despojadores. Y ¿se ha dado cuenta usted de que si una persona vive el tiempo suficiente con la injusticia, especialmente si carece de perspectiva divina, se convierte en alguien desilusionado y por último escéptico? ¿Y de que dicho escepticismo da como resultado una clase de justicia deformada?

Todo esto vuelve a traernos al interesante y actual relato que escribió Salomón. Gran parte de su diario podría describirse como las confesiones de un escéptico. Aquí tenemos al monarca con una visera invisible pero gruesa: no está dispuesto a levantar la mirada y depender de Dios, y es demasiado terco para inclinar su cabeza y orar. Como dijo otro humanista: "Su cabeza está ensangrentada pero erguida." Lo único que quiere es mirar a su alrededor; si no cuento mal, para el término del tercer capítulo hemos leído once veces las expresiones "debajo del cielo" y "debajo del sol".

¿Recuerda usted el tema del diario del rey? Todo es futilidad estéril e inútil. El hombre que escribe no está triste, sino furioso: las injusticias de la vida han tenido su efecto. Lo mismo pasa con nosotros. Podemos soportar la aflicción y los malos tratos siempre que sean pasajeros; pero si el dolor persiste y el daño no se mitiga, nos volvemos escépticos. Cuando nos acercamos al borde del pánico, levantamos la mirada y clamamos contra Dios; y si no tenemos la fe suficiente para sostenernos en nuestro paso por tales injusticias horizontales, morimos convertidos en escépticos.

Salomón no está próximo a la muerte, pero se acerca a pasos agigantados al cinismo; y ya que su perspectiva es estrictamente horizontal, no nos sorprende descubrir que se le está acabando la paciencia. A todos sus comentarios les falta perspectiva vertical, y todas sus conclusiones son humanistas. Como vimos en el capítulo precedente, hay algunos interludios de discernimiento divino inusitados, pero, en su mayor parte, no se trata sino de una página tras otra de sabiduría humana.

Considere por ejemplo el párrafo que viene a continuación. "Vi más debajo del sol: en lugar del juicio, allí impiedad; y en lugar de la justicia, allí iniquidad. Y dije yo en mi corazón: Al justo y al impío juzgará Dios; porque allí hay un tiempo para todo lo que se quiere y para todo lo que se hace. Dije en mi corazón: Es así, por causa de los hijos de los hombres, para que Dios los pruebe, y para que vean que ellos mismos son semejantes a las bestias. Porque lo que sucede a los hijos de los hombres, y lo que sucede a las bestias, un mismo suceso es: como mueren los unos, así mueren los otros, y una misma respiración tienen todos; ni tiene más el hombre que la bestia; porque todo es vanidad. Todo va a un mismo lugar; todo es hecho del polvo, y todo volverá al mismo polvo. ¿Quién sabe que el espíritu de los hijos de los hombres sube arriba, y que el espíritu del animal desciende abajo a la tierra? Así, pues, he visto que no hay cosa mejor para el hombre que alegrarse en su trabajo, porque esta es su parte; porque ¿quién lo llevará para que vea lo que ha de ser después de él?" (3:16-22).

Las expresiones "vi", "he visto", y "dije en mi corazón", subrayan un compromiso básico y filosófico con la perspectiva humana. No verá usted a Salomón de rodillas, sino de pie; tampoco lo descubrirá mirando hacia arriba, sino hacia afuera; ni buscando paciencia sosegadamente en oración, antes bien respondiendo desafiante a Dios. Como alguien que se conduce según el punto de vista humano, mirando únicamente a esta tierra y no a los cielos, expresa burlonamente que no "tiene más el hombre que la bestia".

EL PROBLEMA QUE CAUSA EL ESCEPTICISMO

La declaración inicial de Salomón puede proporcionarnos algo de luz sobre el problema que le hizo caer en tal depresión de escepticismo. "Vi más debajo del sol: en lugar del juicio, allí impiedad; y en lugar de la justicia, allí iniquidad" (v. 16).

Yo también he visto eso, ¿y usted? Este problema de la iniquidad que triunfa sobre la justicia es asombrosamente actual; cada generación repite la misma abominable historia. Como lo expresa James Russell Lowell:

> La verdad, eternamente en el patíbulo;
> El error, siempre en el trono.

La gente no espera pacientemente su turno cuando hay una

señal de PARE, ¿se ha dado cuenta usted de ello? Tampoco hacen cola para comprar una entrada, o un pasaje, ¡se cuelan! Cuando éramos niños, creíamos ingenuamente que todo el mundo esperaría su vez, pero pronto descubrimos que no lo hacían.

Recuerdo la primera vez en la que comprendí que alguien se estaba colando realmente. Mi reacción inicial fue de estupor... ¡y luego albergué pensamientos de darle un golpe! Y cuanto mayor me hacía, tanto más quería que se castigase a las personas así. Deseaba que la vida fuera justa. Puesto que yo estaba esperando mi turno, quería que el otro también lo hiciera. Pero la gente no actúa de este modo.

¿Por qué? Porque... "en lugar de la justicia, allí iniquidad". En el preciso lugar donde debería aparecer la justicia, hay en realidad corrupción.

¡Ya que la vida no es cómoda, que sea por lo menos justa! También Salomón sentía la injusticia de la vida, como lo describe en la siguiente observación: "Me volví y vi todas las violencias que se hacen debajo del sol; y he aquí las lágrimas de los oprimidos, sin tener quien los consuele; y la fuerza estaba en la mano de sus opresores, y para ellos no había consolador" (4:1).

¿Puede oír usted el suspiro en sus palabras? Hay algo en la naturaleza humana que anhela la justicia judicial. Si alguien está oprimido debería tener por lo menos a otra persona a su lado para confortarlo; mejor aún: tendría que ser alguien que lo liberara de la opresión. Cuando no existe tal apoyo, sentimos un disgusto interior.

Incluso después, ese mismo escéptico se queja de una escena con la que nosotros hemos forcejeado: "Si opresión de pobres y perversión de derecho y de justicia vieres en la provincia, no te maravilles de ello; porque sobre el alto vigila otro más alto, y uno más alto está sobre ellos" (5:8).

¿Tiene eso algún parecido con el Ayuntamiento de su localidad? Uno pensaría que el hombre acaba de visitar alguna de nuestras burocratizadas oficinas de la administración pública. ¡Sus palabras dan la impresión de estar describiendo algún grupo burocrático muy "oficial".

La escena es repugnantemente familiar: cuanto más defiende uno su caso ante los funcionarios, tanto más se da cuenta de que ellos están respaldados por otros más altos; y cuanto más arriba llegan, tanto más secretos e intocables son. . . . ¡y tanto más sube la presión sanguínea de uno porque no son justos! ¡Es algo que bastaría para convertirnos a todos en escépticos!

Más tarde todavía, Salomón comenta: "Todo esto he visto, y he puesto mi corazón en todo lo que debajo del sol se hace; hay tiempo en que el hombre se enseñorea del hombre para mal suyo" (8:9).

Aquí lo tenemos de nuevo: una persona ejerciendo autoridad a costa de otra. Y pareciera que Salomón tiene las manos atadas para hacer algo; no sabe cómo alargar el brazo y tomar control de la situación, aun conociendo que dicha situación no está bien ni es justa.

Uno siente eso cuando sus hijos son maltratados en su propio barrio, o si algún matón abusa de ellos en la escuela o el autobús, y usted no está presente para ayudar a poner las cosas en orden. No nos gusta que la injusticia ocurra en el aula o en la oficina; ni queremos pensar que por ejemplo en la policía pueda existir corrupción; comprendemos que es posible que tal cosa esté sucediendo, pero desechamos ese pensamiento porque si en algún sitio debiera haber justicia es allí precisamente. Y en especial, no nos gusta ver un tribunal caracterizado por la falta de integridad.

Cierto abogado amigo mío se ha retirado de la práctica ante los tribunales debido simplemente a la corrupción que tiene que vadear en los mismos: el juego legal al que los abogados han de someterse. La cuestión no es ya si uno tiene una buena defensa, sino en la mayoría de las veces, si cuenta con el dinero suficiente para comprar al abogado que necesitamos, tocar las teclas adecuadas, o hacer el juego correcto (¿verdad que parezco un escéptico?). Yo lo he visto, dice Salomón, y es algo que me pone furioso.

Hace muchos años, Henry Wadsworth Longfellow compuso un poema que describe los sentimientos ambivalente que experimentamos cuando nos vemos expuestos a tal injusticia. Sus líneas han llegado a formar parte de nuestro repertorio de villancicos, y aparecen en una pieza titulada: "Oí las Campanas de Navidad".

Mientras el poeta escucha el sonido de las campanas navideñas, recuerda que los ángeles prometieron que algún día habría paz en la tierra y buena voluntad para con los hombres; pero luego, forcejeando con la realidad, admite:

> Y con desesperación bajé luego la cabeza,
> Y expresé: "No hay paz en la tierra",
> Ya que el odio es un pecado, y hace burla
> De la canción: "Paz en la tierra, buena voluntad para con los hombres."

Hasta un poeta compasivo se siente desesperado a causa de la falta de justicia.

¿TIENE SOLUCION EL ESCEPTICISMO?

Pasemos al otro lado de todo esto, y veamos si podemos descubrir alguna forma de soportar la injusticia. Lea con mucho cuidado la siguiente sección. Aun en su enojada desesperación, Salomón parece proyectar algo de esperanza que primero viene de Dios, y luego de nuestros semejantes: "Y dije yo en mi corazón: Al justo y al impío juzgará Dios; porque allí hay un tiempo para todo lo que se quiere y para todo lo que se hace. Dije en mi corazón: Es así, por causa de los hijos de los hombres, para que Dios los pruebe, y para que vean que ellos mismos son semejantes a las bestias. Porque lo que sucede a los hijos de los hombres, y lo que sucede a las bestias, un mismo suceso es: como mueren los unos, así mueren los otros, y una misma respiración tienen todos; ni tiene más el hombre que la bestia; porque todo es vanidad. Todo va a un mismo lugar; todo es hecho del polvo, y todo volverá al mismo polvo. ¿Quién sabe que el espíritu de los hijos de los hombres sube arriba, y que el espíritu del animal desciende abajo a la tierra?" (3:17–21).

Solución 1: La injusticia tendrá sólo un dominio temporal

Por un momento excepcional, Salomón mira realmente encima del sol. Parece estar diciendo: "Porque hay un tiempo para cada asunto y cada hecho. El descanso viene. El mal no durará para siempre; será juzgado bajo la mano soberana del Dios justo. La injusticia tendrá sólo un dominio temporal, descansa tranquilo."

Es una pena que Salomón no haya terminado aquí; pero continúa hablando. Creo que está hastiado de injusticias; y como cualquier persona de la actualidad que escriba un diario basado en observaciones humanistas, deja entrever su escepticismo. "Dije en mi corazón: Es así, por causa de los hijos de los hombres, para que Dios los pruebe, y para que vean que ellos mismos son semejantes a las bestias. Porque lo que sucede a los hijos de los hombres, y lo que sucede a las bestias, un mismo suceso es: como mueren los unos, así mueren los otros, y una misma respiración tienen todos; ni tiene más el hombre que la bestia; porque todo es vanidad. Todo va a un mismo lugar; todo es hecho del polvo, y todo volverá al mismo polvo" (vv. 18–20).

Si usted lleva la injusticia flagrante hasta el límite, si concentra su atención durante el tiempo suficiente en la corrupción y la opresión inmoral, llegará a esta exasperante y herética conclusión.

Solución 2: La injusticia revela nuestro comportamiento animal

Tal vez debiera poner la palabra *solución* entre comillas, ya que esto difícilmente parece de mucha ayuda para tratar el problema. Sin duda se necesita una explicación: En su escéptica rabia, el hombre exclama que no hay ninguna ventaja en ser humano —"No somos todos más que un hatajo de bestias, una manada de animales; ¡y puesto que esto es verdad, nuestro destino es el mismo que el de ellos!"—, y lo que quiere destacar es que la injusticia puede ser difícil de soportar, pero por lo menos revela la dura realidad de que somos animales hasta la médula.

La mayoría de los comentaristas admitirían: "Desde luego que todos somos como las bestias, que todos volveremos al polvo; es decir, morimos"; pero ¿qué significa ese comentario sobre la ventaja? "No contamos con ninguna ventaja sobre los animales —dice Salomón—. Todos tenemos la misma respiración, el mismo propósito y el mismo destino."

¿Qué quiere decir todo esto? Pues, entre otras cosas, que

viviendo sin Dios en un mundo injusto, nos hacemos semejantes a las bestias en naturaleza, actuación, reacción y en destino. La sola comprensión y admisión de este hecho terrible nos convencerá de que necesitamos ayuda de afuera de nosotros mismos... de *encima* del sol. ¿Por qué? Porque aparte de ella, nuestra depravación no tiene límites. Si lo pone en duda, tómese el tiempo para examinar los ficheros de homicidios en cualquier comisaría de policía; o recuerde la actitud de su propio corazón cuando ha recibido un golpe injusto y está actuando en la carne; y si no le resulta suficiente, traiga a la memoria los pensamientos bestiales que alberga cuando su lujuria latente se enciende transformándose en una hoguera.

Piense por ejemplo en la escena internacional: en las armas que las naciones fabrican para destruir, para aniquilarnos unas a otras; y también para protegernos. La nación ganadora es aquella que posee el mayor arsenal; y ahora la conflagración mundial ha alcanzado tales proporciones de peligro (y en esto no tengo ninguna obsesión política), que todo depende simplemente de quién oprime primero el botón y quién vive lo suficiente para replicar. Una cosa es la defensa nacional, pero... ¿cuándo se imaginó seriamente por última vez lo que supondría verse envuelto en un ataque nuclear?

¿Por qué ha llegado la cosa a estos extremos? Por nuestra naturaleza y estilo animales. Salomón expresa que ya que la suerte de los hombres es la misma que la de las bestias, no debería sorprendernos el que llevemos la injusticia hasta sus extremos más inusitados.

Si seguimos hasta sus últimas consecuencias la escéptica suma de Salomón, ¿sabe usted lo que él está diciendo? Que la bestia que está en el campo hoy día y muere, la cual cae dentro de un hoyo en la tierra y se vuelve a hacer polvo, tiene un futuro exactamente igual al suyo y al mío. Cuando usted muere, se le echa también en un hoyo, se convierte en polvo y ya está; no tiene ninguna ventaja. Fíjese en la pregunta que hace: "¿Quién sabe que el espíritu de los hijos de los hombres sube arriba, y que el espíritu del animal desciende abajo a la tierra?" (v. 21).

No necesito decirle que esta sección de la Escritura se ha convertido en un refugio para los críticos bíblicos, quienes afirman, basándose en esta declaración, que la Biblia enseña que no hay distinción eterna entre las especies, incluyendo al *homo sapiens*, y que puesto que vivimos como las bestias, también moriremos como ellas. Estos críticos dicen: "¿Ustedes los cristianos basan sus creencias en la inspiración de la Biblia?" Pues echen un vistazo a Eclesiastés 3:19-21. Permítame tratar este tema.

Entendamos que la doctrina de la inspiración bíblica afirma la exactitud e infalibilidad del texto bíblico... nada más. Nos garantiza que lo que encontramos en la Escritura es aquello que fue escrito por su autor original; pero de ningún modo respalda la veracidad doctrinal y la aplicación práctica de cada comentario que se encuentra en la misma. El discernimiento aplicado a la Biblia en su totalidad nos guarda de abrazar verdades a medias y herejías completas que se basan en afirmaciones independientes sacadas de sus contextos.

Este es precisamente un caso clásico de ello: se trata de las meditaciones de un hombre infeliz, de las confesiones de un escéptico perplejo llamado Salomón. Estas palabras representan exactamente cómo se sentía en el momento de escribir y lo que dijo ("dije en mi corazón... dije en mi corazón"); pero no son más representativas de la verdad por la que debemos vivir que cualquier otra herejía limítrofe que encontremos en una muestra al azar de otras secciones semejantes de la Escritura.

En la Biblia están registradas, por ejemplo, mentiras flagrantes de hombres y mujeres. Tales palabras se encuentran fielmente consignadas; pero desde luego no hemos de reclamar y aplicar dichas mentiras hoy como si fueran verdades, simplemente porque se han conservado en la Escritura. Se trata de acciones desobedientes y pecaminosas que la gente llevó a cabo y que el relato inspirado declara meticulosa y correctamente. Otra vez, sería ridículo pensar que todos los que leen acerca de tales acciones deban reproducirlas a fin de demostrar su confianza en las Escrituras. No podemos permanecer fieles a un texto inspirado sin necesidad de emular cada palabra y cada hecho.

Salomón ha formulado imprudente e irreflexivamente una herejía —la inspiración de las Escrituras garantiza que eso fue de veras lo que escribió—; pero el discernimiento procedente de todo el conjunto de la verdad bíblica nos impide creer ciegamente eso mismo. El escepticismo confunde nuestros pensamientos, nos enfurece emocionalmente y nos insensibiliza en lo espiritual; nos deja marcados, amargados, desilusionados y, desde luego, hace que nos sintamos lejos de Dios. Esto describe hábilmente a Salomón en esta etapa de su viaje.

ESPERANZA MAS ALLA DEL ESCEPTICISMO: ALGUNOS PENSAMIENTOS FINALES

Lea nuevamente los últimos comentarios de Salomón en esta sección: "Así, pues, he visto que no hay cosa mejor para el hombre que alegrarse en su trabajo, porque esta es su parte; porque ¿quién lo llevará para que vea lo que ha de ser después de él" (3:22).

Yo creo que aquí se nos da una filosofía muy piadosa que debemos seguir con relación a las desventajas, el trato injusto, y la injusticia, que debemos seguir. En mi opinión, el consejo de Dios por medio de Salomón es notablemente acertado; ¡digo notablemente porque el hombre acaba de soltar una herejía!

Dejando el versículo 21 en nuestra mente como un signo de interrogación suspendido, para finalizar Salomón vuelve con una solución.

¿Acaso dice: "Trate de comprender sus circunstancias"? No. ¿Y: "Compare su suerte con la de otra persona y verá cuánto mejor es"? En absoluto. ¿Expresa quizás: "Desquítese, guarde resentimiento, amárguese; no han sido justos con usted"? De ningún modo. ¿Y qué me dice de: "Múdese a algún lugar solitario y pase los últimos años de su vida en resentimiento silencioso"? Desde luego que no.

¿Y qué piensa de esta obra: "Entre en un mundo de fantasía, construya un sueño, viva en él. Trabaje aquí, pero viva allí, y podrá salir adelante" (como una persona con aire positivo que se insufla en una burbuja de idealismo)? ¡No! ¡Y mil veces no! Recuerde que estamos hablando de la dura realidad.

¿*Qué* dice entonces? A saber, esto: Deseche la compasión de sí mismo, la venganza, el resentimiento, las represalias. . . Busque formas de descubrir ventajas en sus desventajas.

"Así, pues, he visto que no hay cosa mejor para el hombre que alegrarse en su trabajo, porque esta es su parte. . ." (3:22).

Por lo general nosotros podemos hacer muy poco para cambiar nuestra suerte, y únicamente está en nuestra mano el corregir la reacción que tenemos hacia ella. Por ejemplo, no nos es posible cambiar nuestro pasado. Por competentes que seamos, nuestros antecedentes están construidos de cemento; no podemos borrarlos. Pero sí tenemos la posibilidad de aprender a considerar nuestro pasado desde el punto de vista de Dios, así como a utilizar nuestras desventajas del ayer en nuestra vida hoy y por siempre.

De hecho, la frase con la cual Salomón concluye este capítulo afirma que se trata de una posibilidad muy real: "Porque ¿quién lo llevará para que vea lo que ha de ser después de él?" Me gustaría pensar que está preguntando: "¿Quién sabe el impacto que eso tendrá en otros? ¿Quién puede llevarnos a ver lo que ocurrirá de tan positiva actitud de respuesta?"

Usted y yo nos encontramos constantemente con gente inmersa en la compasión propia: individuos desesperadamente perdidos en el pantano de la vida. Todo lo que ellos pueden decirle es lo mal que esto fue; lo injustamente que actuó ella; cómo tal o cual persona no cumplió su promesa; de qué manera se marchó aquel hombre abandonándonos "a mí y a los niños"; cómo ese otro tipo rompió la sociedad que teníamos y "me dejó sin un centavo", y así sucesivamente.

Pero, en efecto, Salomón dice: "Le sugiero que no hay nada mejor que tratar de encontrar una ventaja y habitar en ella." Haga de eso el mensaje de su vida; ¿quién sabe el impacto que tendrá dicho mensaje?

Tres preguntas

Para ayudarlo a sustituir el rancio escepticismo por una esperanza fresca, quiero hacerle tres preguntas. En estos últimos años de mi vida estoy aprendiendo que es mejor preguntar que hacer un montón de declaraciones dogmáticas. Así que me gustaría formularle estas tres preguntas dogmáticas:

Primeramente: *¿Cuál es su injusta desventaja?* Piénselo; no me refiero a las pequeñas irritaciones triviales que ha tenido esta semana, sino a aquello que constituye una desventaja importante en su vida. Trate de mencionar por lo menos un ejemplo de su experiencia personal.

En segundo lugar: ¿Cuándo piensa usted sustituir la autocompasión pasiva por el valor activo? Lo que le estoy pidiendo es que deje de lamentarse "¡Ay de mí!", y comience a pensar en términos de "¡Mundo, he aquí mi mensaje!"

Antes de seguir con la tercera pregunta, permítame desarrollar esta. Algún tiempo atrás hice algo que muy pocas veces hago: escuchar un cassette entero. Se trataba de la cinta de un discurso pronunciado por un hombre llamado Tom Sullivan y que iba dirigido a 5.000 personas reunidos en Dallas en una conferencia de prestigiosas compañías de seguros de todo el mundo. ¡Qué gran alocución la suya!

Tal vez haya usted visto a Sullivan actuando como artista invitado en varias series de televisión y algunas películas. Se trata de un atleta de categoría mundial, ganador de dos campeonatos nacionales de lucha. Participó en el equipo olímpico de lucha libre en 1958. Asimismo obtuvo un título en sicología clínica en una prestigiosa universidad estadounidense, es músico, escritor; deportista: corre diez kilómetros diarios por la playa, nada, practica el paracaidismo acrobático, y cuenta con 37 saltos en su haber.

Debería decirle también que Tom Sullivan es ciego. Su vida fue descrita de una manera muy gráfica en la película *If You Could See What I Hear* (Si pudieras ver lo que yo puedo escuchar). ¡Qué hombre tan asombroso!

Aquellos 5.000 prósperos individuos del mundo de los seguros estaban sentados en el borde de sus asientos —aplaudiendo, disfrutando, riendo y aprendiendo— mientras escuchaban a un hombre que ni siquiera podía ver el podio que tenía delante, y mucho menos las sonrisas del público.

Su charla tenía un punto principal: "¿Tiene usted alguna desventaja? Saque partido de ella. A la gente no le gusta la semejanza, sino las diferencias." (¡Qué gran párrafo!)

Esa desventaja es lo que lo hace a usted diferente. Las semejanzas no suponen gran cosa; sólo significan que somos como las demás gentes.

Tom Sullivan narra cómo se dio cuenta por primera vez de que era ciego. Tenía ocho años de edad (a eso llamo yo un buen trabajo de los padres).

El niño se encontraba en el patio trasero de su casa, y oyó el ruido de un partido de béisbol que tenía lugar al lado de su casa. Escuchó el ruido seco del bate al golpear la pelota —un sonido nuevo—, y luego un golpe sordo cuando esta última chocó con el guante; todavía otro sonido extraño. Tom prestó atención, y pensó: "Están jugando a algo" —más tarde pudo descubrir que el juego se llamaba béisbol.

De modo que consiguió una piedra y un palo y aprendió solo a batear. Como no sabía dónde tenía que dar el golpe, colocó un pequeño transistor encima de la capa de un árbol, retrocedió varios pasos y le pegó a la piedra lanzándola en dirección al aparato de radio. Con el tiempo llegó a derribar el transistor cada vez que bateaba.

Poco después, dijo a su padre:

—Papá, quiero jugar al béisbol.

—¿Sí? Vaya. Bueno. . . —contestó el hombre—. Mmmm, ¿en qué posición te gustaría jugar?

—Quiero ser lanzador.

—Esto. . . muy bien. ¡Claro, hijo!

De modo que el padre de Tom habló con el individuo que dirigía el club de la Liga Infantil en su vecindario, y consiguió que lo admitieran. El muchacho que no podía ver se convirtió en el lanzador, y tenía a uno a su lado para recoger la pelota cuando el "catcher" la devolvía.

Sullivan preguntó a la multitud: "¿Pueden ustedes imaginarse a aquel pequeño de nueve años de edad, en la base del bateador, listo para que un niño ciego le lance la pelota desde el montículo?" Después de dejar fuera de combate a varios muchachitos, Tom decidió abandonar el béisbol —lo cual probablemente agradó en gran manera a sus oponentes— para dedicarse a la lucha libre.

Como tenía la capacidad de hacer saltar de sus órbitas de cuando en cuando sus ojos de cristal, pretende haber ganado algunas de sus marcas de esa manera. ¡Qué sentido del humor! Se trata de una historia asombrosa: la de un hombre que sustituyó la autocompasión escéptica por un increíble valor. Permítame hacerle de nuevo la pregunta: ¿Cuándo piensa usted cambiar la compasión de sí mismo por esa clase de valentía?

He aquí lo que dice Tom Sullivan: "He determinado que mi

desventaja en la vida es la ceguera; por tanto como ciego, me propongo alcanzar el máximo de mis posibilidades. Ese será mi mensaje distintivo."[1]

Es hora de que algunos de ustedes escuchen esto. El escepticismo les está causando graves perjuicios. Ya llevan bastante tiempo hundiéndose en las arenas movedizas de la autocompasión. Están casi ahogándose, y arrastrando a otros adentro consigo. Si ese es su caso, usted necesita aceptar este desafío personalmente.

En tercer lugar: *¿Se ha detenido usted a pensar alguna vez en el impacto que su mensaje distintivo tendría en el mundo que lo rodea?* Amigo, se quedaría usted atónito si lograse superar su desventaja el tiempo suficiente para ver la manera en que Dios puede usarlo para causar un impacto en la vida de otras víctimas de sus propias deficiencias.

Cuando hago referencia a las luchas que siendo niño tenía con la inseguridad, me asombro de ver a cuánta gente insegura soy capaz de ministrar. Si hablo de cómo es posible superar la dificultad que representa ser uno de los tres hijos de una familia que (por lo menos según mi punto de vista) no me proporcionaba demasiado estímulo cariñoso para alcanzar mi pleno potencial, eso toca y anima a la gente que está pasando por la misma experiencia.

Cuando cuento cómo gané mi batalla contra la tartamudez y el miedo a hablar en público, descubro que ello trae realmente esperanza a otros que luchan con una articulación deficiente. Por otro lado, si hablo acerca de algunas de las injusticias de poca importancia que he sufrido en la vida (de poca importancia en comparación con gente como Tom Sullivan), es extraordinario de qué manera eso abre puertas de esperanza en la vida de la gente.

Usted ha sido puesto en esta tierra como una joya única, una piedra preciosa que tiene ciertas posibilidades de destello cuando la luz del Hijo de Dios la ilumina. Al relucir y brillar, usted alienta, inspira y fortalece a aquellos que están perdidos en la tenebrosidad de su pantano personal. ¡Aunque se sienta insignificante y no muy dotado, Dios puede usarlo!

Durante el siglo IV, hubo un monje asiático que pasó la mayor parte de su vida en una remota comunidad de oración, estudiando y cultivando verduras para la cocina del convento. Cuando no estaba atendiendo su pequeño huerto, se dedicaba gozosamente a cumplir con su vocación de estudiar y orar.

Luego, cierto día, ese monje —que se llamaba Telémaco— sintió que el Señor lo estaba guiando a ir a Roma, el centro político del mundo y la ciudad más agitada, más rica y poblada de aquel entonces. Telémaco se preguntaba por qué era atraído hacia Roma. El no encajaba allá; su sitio era aquel lugar pequeño y tranquilo, aquella comunidad de monjes, aquel huertecito protegido donde sus convicciones se estaban haciendo más profundas y su fe en Dios era fuerte. Pero no podía luchar contra la dirección del Señor; de modo que partió.

Con el tiempo llegó a las concurridas calles de Roma, y se quedó pasmado de lo que vio allá: la gente estaba preocupada, furiosa, violenta en realidad; y en una ocasión el perplejo monje fue arrastrado en volandas por el grupo, empujado por la multitud. Por último terminó en un lugar que ni siquiera sabía que existiese: el Coliseo; donde salvajes gladiadores luchaban y se mataban unos a otros por la razón casi exclusiva de divertir a los miles de personas que se reunían en el estadio público de Roma.

Telémaco se quedó mirando con incredulidad mientras los gladiadores, uno tras otro, se presentaban delante del emperador y decían: "Los que van a morir te saludan." Luego, se tapó los oídos al escuchar el choque de las espadas y de los escudos, al tiempo que un hombre después de otro luchaba hasta la muerte.

El monje no era capaz de soportar más; pero ¿qué podía hacer él? ¡El no era nadie! Aun así, echó a correr y subió de un salto al muro que rodeaba el circo; luego gritó:

—¡En nombre de Cristo, deténganse!

No podía soportar aquella matanza sin sentido.

—¡Paren esto!

Sin embargo, nadie escuchaba: seguía el público aplaudiendo mientras la pelea continuaba. Cayó otro hombre.... Por fin, incapaz de contenerse más, Telémaco saltó a la arena. ¡Qué aspecto tan cómico debió tener: un hombre delgado y pequeño con el hábito de monje corriendo de acá para allá entre aquellos musculosos y brutales luchadores! Una vez más volvió a decir:

—¡En nombre de Cristo, deténganse!
La muchedumbre lo miró e hizo un ademán despectivo, mientras uno de los gladiadores lo golpeaba con su escudo quitándolo de en medio para ir tras su oponente. Por último, Telémaco se convirtió en una irritación tanto para la multitud como para los gladiadores, y alguien gritó desde las gradas:
—¡Atraviésalo! ¡Mátalo!
El mismo gladiador que lo había apartado de un empellón con su escudo, cayó ahora sobre el pecho de Telémaco y le abrió el vientre con un golpe de espada. Mientras se desplomaba de rodillas, el pequeño monje jadeó una vez más:
—¡En nombre de Cristo... deténganse!

> Entonces ocurrió una cosa extraña. Mientras los dos gladiadores y la muchedumbre concentraban su atención en la figura que yacía inerte sobre la arena de repente teñida de rojo, el circo se quedó mortalmente callado. Luego, en medio de aquel silencio, alguien del último graderío se levantó y salió. A esa persona, siguió otra; y después otra. Por todo el Coliseo los espectadores empezaron a marcharse, hasta que aquel enorme estadio quedó vacío.
> Naturalmente, había otras fuerzas actuando, pero aquella inocente figura tendida en el charco de sangre cristalizó la oposición, y ese fue el último combate de gladiadores que se celebró en el Coliseo romano. Nunca más se mataron los hombres unos a otros en el circo de Roma para divertir a la multitud.[2]

¿Estoy escribiendo hoy a un Telémaco? ¿O tal vez a un Tom Sullivan? Si es así, le pregunto de nuevo: ¿Puede usted imaginarse el impacto que podría tener en el mundo si contrarrestara su escepticismo y compasión propia con el poder de Jesucristo? ¿O las vidas que podría alcanzar y fortalecer siendo simplemente todo lo que está dentro de sus posibilidades?

¿Cuál es su historia? Todo el mundo tiene una historia personal en la que desde luego no falta alguna injusticia. ¿Piensa usted que ha sido dicha injusticia lo que lo ha convertido en un fracasado? No, eso no es verdad; tal vez haya sido su actitud, pero no su lucha. El mensaje de este capítulo es simplemente el siguiente: las desventajas no tienen por qué descalificarnos. Dios puede llegar a usarlo de una manera significativa si rehusa que sus deficiencias lo conviertan en un escéptico.

Permítame expresar mi sentimiento en esta oración:

Padre, esto no es algo que decimos a menudo, pero hoy te damos gracias por las injusticias que nos han lisiado, quebrantado y aplastado. Queremos expresar nuestro aprecio por aquellas cosas que nos han traído al lugar de la sumisión. La única dirección a la que podemos mirar es hacia arriba.

Te expresamos nuestra gratitud por lo que nos has enseñado mediante la ceguera, la pérdida y la parálisis; por el crecimiento por medio de los sueños interrumpidos, de las relaciones quebrantadas, de la enfermedad, y de la tristeza; por el desarrollo de nuestro carácter mediante la inseguridad, el fracaso, e incluso el divorcio. Vemos la tempestad; pero estamos empezando a verte a ti detrás de ella. ¡Cuán fundamental es nuestra actitud!

Gracias de un modo especial por ayudarnos a vencer nuestro escepticismo.

Oro por aquellos que nos encontramos en estas categorías y en cientos de otras más, pidiendo que seamos capaces de ir más allá de las mismas y encontrar en Jesucristo la fuerza para seguir adelante; especialmente por aquellos que sólo hace unos momentos habían casi decidido rendirse. Ruego que en vez de ello puedan rendir su todo a ti.

Te lo pido en el poderoso nombre de Jesucristo, el Vencedor. Amén.

=== 8 ===

EL GAÑIDO SOLITARIO DEL JEFE

Luego observé opresión y tristeza por toda la tierra: lloraban los oprimidos y nadie les ayudaba, mientras sus opresores contaban con poderosos aliados. Entonces comprendí que mejor están los muertos que los vivos. Y más dichosos aún son los que jamás nacieron, y no vieron jamás la maldad y el crimen que imperan en la tierra.
Vi entonces que el móvil principal del éxito es el impulso de la envidia y los celos. Pero también esto es necedad, un perseguir el viento...
También observé... el caso del hombre solitario, sin hijos ni hermanos, y que trabaja arduamente para seguir acumulando riquezas. No se pregunta a quién le quedará todo. ¿Y por qué renuncia a tanto ahora? ¡Todo esto es sin sentido y muy deprimente!

—Paráfrasis de Eclesiastés, por el autor

Si yo le pidiera a usted que pensase en alguien solitario, probablemente no escogería a una persona ocupada; y también es bastante dudoso que seleccionara a un individuo con un alto puesto administrativo: el director ejecutivo de una próspera compañía, o el bien pagado jefe de ventas de una organización agresiva y competitiva. "¡No, ellos no! —pensamos—; se trata de personas de éxito, que han realizado sus deseos y ganado mucho dinero, que se han logrado. Además, ¡con tanta gente alrededor, no tienen *tiempo* para sentirse solos!"

No lo dé por hecho. La mayoría de las veces aquellos que están llegando al final de la escalera del éxito financiero tienen pocos amigos (si es que tienen alguno). Además, luchan por mantener la paz en el hogar, y a menudo viven al borde del precipicio de la desilusión e incluso de la desesperación.

La soledad es la plaga de los solitarios; y de una manera general, las personas que están a la cabeza son gente solitaria. Sea intencionadamente o por descuido, la mayoría de los directivos se mueven en un mundo muy privado donde el compañerismo y la felicidad los esquivan. El contentamiento y la tranquilidad interior rara vez se encuentran en los áticos; lo que hay allí es más bien aburrimiento y unos desolados sentimientos de vacío. Como con tanta habilidad expresa Thoreau: se trata de personas que "llevan una vida de silenciosa desesperación".

El término favorito de Salomón, y que repite constantemente al tiempo que reconoce su frustración, es *vanidad*. Una y otra vez, el monarca exclama: "¡Todo es vanidad!" A pesar de que él, el rey del país, tenía todo el dinero, la inteligencia, los recursos y el tiempo para adquirir o experimentar el cenit que la vida puede ofrecer, sigue volviendo a ese suspiro monótono y pesado: "Todo es vanidad." Aunque ocupado, rico, poderoso y famoso, Salomón era la imagen misma del aburrimiento y de la soledad; y le recuerdo que el hombre no se privaba de nada.

En nuestro análisis de lo que escribió Salomón, hemos llegado a una anotación del diario que trata del vacío que sienten los que llegan a la cumbre. Si usted se encuentra ahí, es muy probable que no pueda menos de asentir; si va de camino, observe muy especialmente que no es tan bueno como dicen. Aquellos que envidian a los que han alcanzado la cima, no se paran a pensar en el precio que éstos han pagado para llegar allí. La persona que está a la cabeza es por lo general un individuo solitario y frustrado. Si usted escucha atentamente, casi podrá oír el gañido solitario del jefe: "Me volví y vi todas las violencias que se hacen debajo del sol; y he aquí las lágrimas de los oprimidos, sin tener quien los consuele; y la fuerza estaba en la mano de sus opresores, y para ellos no había consolador. Y alabé yo a los finados, los que ya murieron, más que a los vivientes, los que viven todavía. Y tuve por más feliz que unos y otros al que no ha sido aún, que no ha visto las malas obras que debajo del sol se hacen. He visto asimismo que todo trabajo y toda excelencia de obras despierta la envidia del hombre contra su prójimo. También esto es vanidad y aflicción de espíritu. El necio cruza sus manos y come su misma carne. Más vale un puño lleno con descanso, que ambos puños llenos con trabajo y aflicción de espíritu. Yo me volví otra vez, y vi vanidad debajo del sol. Está un hombre solo y sin sucesor, que no tiene hijo ni hermano; pero nunca cesa de trabajar, ni sus ojos se sacian de sus riquezas, ni se pregunta: ¿Para quién trabajo yo, y defraudo mi alma del bien? También esto es vanidad, y duro trabajo" (4:1-8).

NO ES LO QUE DEBERIA SER

Algunas cosas deberían ser, pero jamás serán. La lectura de estas declaraciones del antiguo diario de Salomón, por ejemplo, *debería* exigirse en las escuelas de comercio universitarias; pero eso nunca sucederá.

El libro de Peter Drucker *Management* (Administración), de 839 páginas, tendría que citar las palabras de Salomón para que cualquier lector pudiera beneficiarse de escuchar el consejo de Dios junto con el del hombre en lo referente al éxito; pero jamás será así.

También me gustaría ver impreso debajo mismo del encabezamiento de los periódicos de finanzas, Eclesiastés 4:1-8 —justo ahí, en la parte superior—, para que cada persona de negocios en todo el mundo, después de tomarlos en sus manos, leyeran en primer lugar la sabiduría de Salomón; pero tal cosa nunca pasará.

Si por mí fuera, procuraría que cada joven ejecutivo, cada empresario, cada profesional —hombre o mujer— que asciende por la escalera social del éxito esperando cumplir los sueños de toda su vida, recibiera una tarjeta postal inmediatamente después del día de Año Nuevo con este pasaje de la Escritura impreso en la misma, simplemente como recordatorio. Eso *debería* suceder cada año, pero no sucederá.

He aquí otra idea: En los Estados Unidos, cada anuncio de cigarrillos incluye una advertencia que dice: "El Cirujano General ha determinado que el fumar es peligroso para su salud". Cómo me gustaría que al pie del diploma de cada persona que se gradúa de las escuelas de negocios o mercantiles apareciera un aviso semejante. Yo sugeriría que dicho aviso dijera: "¡Atención! El Dios del cielo ha determinado que el éxito puede ser mortal." Ese tipo de advertencia *debería* ser la norma, pero nunca lo será.

Y puesto que ninguna de estas cosas sucederán jamás, dependemos de nuestros propios recursos, suposiciones y observaciones. Nuestras opciones quedan reducidas a escuchar el consejo del sistema mundial, ver lo que hacen nuestros camaradas, observar a nuestros padres, tomar nota de los llamados "modelos de éxito", y convencernos a nosotros mismos de que el sueño es real. Pero no es cierto. Permítame hablarle francamente: se trata de una exageración crasa, ¡de una mentira descarada!

IDENTIFICANDO A LA VICTIMA

Según esta porción Salomón no está pensando en el hombre que a duras penas se gana la vida, que está satisfecho con la sencillez, y que no siente demasiada preocupación por alcanzar una mejor posición social —que se conforma con ir pasándola—; esa no es la persona que tiene en mira el monarca. ¡No, de ninguna manera!

Las palabras de esta sección de su diario van dirigidas a los altos directivos, a los jefes, a los militares de máxima graduación, a la gente de influencia, a los "peces gordos". . . Yo los llamo a menudo los "grandes jefes": aquellos que parecen haber triunfado, pero que en realidad no lo han hecho; a pesar de que muchos ocultan la verdad bastante bien. Pueden parecer victoriosos, pero la mayoría de las veces son víctimas.

Tenga en mente que Salomón es un rey; no está mirando desde abajo, sino que su perspectiva es la de la cumbre. Salomón mira a su alrededor, a otros en esas posiciones máximas. ¿No cree usted que debería saber lo que dice? El mundo del rey está lleno de elegancia, opulencia, abundancia profusa. Estamos empezando a comprender que su incapacidad para encontrar satisfacción en esa esfera es el principal tema de su diario.

De modo que Salomón sustituye las gafas rosadas del idealismo sedentario por las del crudo realismo, e informa a sus lectores de la verdad. El escribe para la gente de nuestros días a los médicos cuya clientela está aumentando, a los abogados que tienen cada vez más casos que defender y ganan más dinero, a los vendedores que están obteniendo buenos ingresos, a las personas que cuentan con un negocio propio y próspero. . . a los empresarios. . . a los presidentes y futuros jefes de grandes compañías y les dice: "Permítame explicarle cómo es la cosa *en realidad*; permítame también exhortarlo a enfrentar la verdad respecto a dónde conduce todo esto."

UNA EVALUACION REALISTA

En esta visión realista —que, dicho sea de paso, es algo muy empírico— desaparece todo misticismo. La versión Reina-Valera de 1960 traduce el versículo 1: "Me volví y vi..."; y el 4: "He visto..." *Salomón está mirando a su alrededor*, no inventando algo en un aula. No se trata de una enseñanza teórica, ni de la jerga de los paraninfos cubiertos de hiedra de alguna universidad; sino de cosas de la vida real, salidas directamente de la oficina donde usted trabaja, o de ese puesto privilegiado que ocupa, o espera ocupar algún día.

Y mientras mira a su alrededor, observa varias clases de vida —tres, de hecho—, ninguna de las cuales satisface. La primera es suficiente para hacernos frenar en seco a cualquiera de nosotros.

Condiciones opresivas

"Me volví y vi todas las violencias que se hacen debajo del sol" (4:1a).

Una vez más Salomón utiliza la expresión "debajo del sol", la cual subraya la dimensión horizontal de la vida, la existencia *debajo* del sol, y no encima.

El monarca dice en efecto: "Miré por todo mi mundo; observé la forma en que se trataba a la gente en Jerusalén; contemplé asimismo, más allá de la ciudad, toda mi nación; y vi, en cada uno de esos lugares, gente controlada por unos pocos déspotas... muchos atrapados en las garras de la opresión."

Lo que Salomón ve en realidad es a un grupo de personas que poseen la mayor parte del dinero, de la influencia y del poder; y que por tanto controlan a las demás. Su visión es todo menos agradable; considere cuidadosamente el resto del versículo 1: "... Y he aquí las lágrimas de los oprimidos, sin tener quien los consuele; y la fuerza estaba en la mano de sus opresores, y para ellos no había consolador."

Se trata de una escena muy gráfica.

¿Recuerda usted la vieja canción "espiritual de los negros" (de los Estados Unidos) que dice: "Nadie sabe la angustia que vi; nadie, Jesús tan sólo"? Cuando oigo esas palabras, puedo sentir las lágrimas, el dolor, la ineludible tristeza de aquel que las escribió.

Del mismo modo, Salomón expresa: "Cuando miro a mi alrededor, y veo el llanto y la opresión, es algo angustioso; me embarga la desesperación." Y su reacción hacia lo que observa es igualmente vívida: "Y alabé yo a los finados, los que ya murieron, más que a los vivientes, los que viven todavía" (v.2).

Al considerar a aquellos que ya habían muerto, pensó: "¡Qué suerte tienen ustedes de haberse ido de esta tierra, y no estar viviendo más bajo la opresión que hay aquí! De hecho, ¡mejor que los vivos y que los muertos es aquel que ni siquiera ha nacido!

Se trata de un extraño momento de la Escritura en el que se toca el tema de los que no han nacido. "Y tuve por más feliz que unos y otros al que no ha sido aún, que no ha visto las malas obras que debajo del sol se hacen" (v. 3).

Estoy seguro de que ustedes han pensado acerca de esto algunas veces: aquellos que están casados y no tienen niños; los que han experimentado la pérdida de su único hijo y ahora ven los tiempos difíciles en que vivimos. Con toda certeza en ocasiones deben pensar que tal vez sea mejor que su descendencia no tenga que soportar una sociedad tan demente como la nuestra.

Se me ocurre de repente, que es muy probable que el suicidio jamás pasara por la mente de Salomón. En ese tiempo estaba considerado como un pecado tan horrendo (un concepto extraño al pensamiento judío) que el monarca ni siquiera lo propondría como escapatoria; pero eso, ciertamente, no sucede en nuestros días.

Hace tiempo, en uno de mis viajes, conocí a una dama cristiana, maravillosa y muy educada. No sólo es enfermera titulada, sino que ha proseguido hacia logros académicos aun mayores. Ahora tiene la visión de crear hospicios en los Estados Unidos para ayudar a los moribundos. Siente un gran deseo de que la nación norteamericana sea modelo de compasión práctica —aun más que los europeos— en lo referente a aquellos que padecen enfermedades terminales y se ven necesitados de un lugar donde se les pueda atender y estén al mismo tiempo rodeados de un amor de familia.

Esa dama compasiva me dijo: "¿Sabes una cosa, Chuck? Cuando estaba terminando mi investigación, conocí un grupo de personas que enfocaba la enfermedad terminal desde una perspectiva distinta; y asistí a una de sus reuniones, la cual se celebraba por casualidad en cierta iglesia de San Francisco. Te parecerá increíble: eran individuos que se reunían para hablar extensamente acerca de formas de quitarse la vida. Trataron sobre diferentes métodos de suicidio; y en especial de la ingestión de dosis de medicamentos que afectan el cuerpo tan seriamente, que la persona muere súbita y sosegadamente."

Me contó que incluso tenían un libro acerca del tema, titulado *Let Me Die Before I Wake* (Permítame morir antes de despertar), el cual me permitió tomar prestado. Trata de lo que llaman "autoliberación" para el moribundo: más de cien páginas en las cuales se explica cómo quitarse la vida uno mismo. Recibí una sacudida al recordársame de nuevo que en nuestros días no hay ya una resistencia contra el suicidio, sino que más bien se lo considera como una escapatoria inteligente al dolor. Para muchos el suicidio es verdaderamente una opción.

Salomón expresa: "Aquellos que nunca han nacido están mejor que los que viven ahora; y que los que han pasado antes por la vida." Luego continúa con su evaluación del mundo que lo rodea, pasando de las condiciones opresivas a una segunda observación.

Determinación competitiva

"He visto asimismo que todo trabajo y toda excelencia de obras despierta la envidia del hombre contra su prójimo. También esto es vanidad y aflicción de espíritu" (v. 4).

He aquí una observación interesante. Ese hombre tan perspicaz está diciendo: "Cuando miro al funcionamiento del comercio —la compra y venta—; observo cómo la gente consigue sus objetivos; considero la aceleración del éxito que empieza desde abajo y termina en la cima... entonces veo una fuerte rivalidad, una determinación competitiva, una mentalidad de comerse unos a otros.

No se está refiriendo a la competencia saludable entre sociedades anónimas independientes, ni está despreciando un sistema de libre comercio que es necesario en los negocios y ayuda a mantener fuerte y grande una nación; sino que habla de la rivalidad individual que hace que los hombres luchen y se devoren, se arañen y se empujen unos a otros: está describiendo el producto del egoísmo carnal y feroz.

Salomón tiene en mente a individuos, y no tanto a grandes empresas; en otras palabras, dice: "He visto entre los individuos una competencia muy determinada y agresiva... Luchan unos con otros, y si es necesario ¡se atacan unos a otros! No es sino una loca y maliciosa manía de superar al otro, de vender más que él, y de eclipsarlo a cualquier precio.

Tal vez a usted le sea un poquito difícil identificarse con eso; o talvez usted se vea retratado en esa escena. En tal caso, usted no es la clase de persona que ocupa sin dificultad un segundo puesto; ni se queda a gusto hasta que ha conseguido ese puesto. Usted está haciendo sus jugadas y ha determinado ganar.

Hace varios meses tuve la oportunidad de estudiar el rostro de un hombre frustrado y ansioso de 47 años. El suelo de su vida pasada estaba sembrado de los desperdicios de una competencia muy fuerte. Mientras trataba de alcanzar el "éxito", la relación con su esposa y con sus hijos se había desgastado por completo; eran como un grupo de extraños viviendo bajo el mismo techo (dicho por el mismo hombre), como barcos que pasan unos al lado de otros en la noche. Su existencia debía ser un infierno en la tierra.

En primer lugar, tenía un hijo que ya no le hablaba, y una hija menor que le había dicho con bastante franqueza: "Papá, ya no me gusta estar contigo." Por otro lado, la esposa sentía miedo de él. Ahora bien, tenga en cuenta que el hombre había logrado llegar a la cima de su profesión: un salario excelente, numerosas gratificaciones, un puesto de influencia, pertenecía a un club de mucho renombre, usaba un automóvil lujoso de la compañía, avión privado... no le faltaba nada. Lo tenía todo; por lo menos eso parecía. Sin embargo, recientemente lo habían descubierto robando a la empresa —más de 15.000 dólares—, y ésta escogió no acusarlo ni llevarlo a juicio por apropiación ilícita de fondos; a cambio, él prometía devolver el dinero, aunque inmediatamente lo despidieron de la organización. Había perdido su empleo, su reputación, lo único que le proporcionaba una identidad y para lo cual había sido preparado; y no olvide que su familia era más feliz cuando no lo veía.

El hombre había estado trabajando medio día los domingos; de modo que para cuando lo despidieron por robo, él dedicaba seis días y medio por semana a su trabajo. "De haber seguido en la empresa —admitió hablando conmigo—, habría terminado trabajando durante siete días cada semana a un ritmo de doce a catorce horas diarias. Iba camino a eso. El era un clásico y compulsivo adicto al trabajo."

Las lágrimas le corrían por las mejillas mientras me miraba. Luego, dijo entre sollozos: "¿Cómo puedo volver a construir un hogar? ¿Qué posibilidades tengo de relacionarme con un hijo o una hija que no me respetan ni quieren hablarme más." Mentalmente se trataba de un hombre muy enfermo. Yo estaba contemplando cómo su personalidad se desintegraba ante mis propios ojos. Era algo aterrador. Mientras hablábamos, él se paseaba de un lado para otro, y un río continuo de palabras obscenas fluía de su boca. En cierto momento, se agarró literalmente del marco de la puerta y, tras columpiarse, se quedó allí colgado, lleno de ansiedad y llorando como un bebé. ¡Qué espectáculo tan patético! Había servido a un cruel capataz: el éxito a cualquier precio. Ahora parecía un leopardo arrinconado en una jaula... peligrosamente próximo a un colapso completo.

Yo pensé para mí: *He ahí un producto típico del "sistema".*

Luego el hombre confesó: "Me entregué por entero, desde la cabeza hasta la suela de los zapatos, pero no pude con ello."

Ahora bien, algunos se irán al extremo opuesto y dirán: "Bueno, la mejor solución es retirarse, rendirse sencillamente. Ya me entiende: soñar, hacerse indiferente y complaciente... vivir de la tierra." Que es otra forma de decir: "Vivir de la gente que trabaja y dejar que *ellos* nos resuelvan la existencia."

Pero según Salomón, esa tampoco es la solución; y llama a tal persona "necio": "El necio cruza sus manos y come su misma carne" (v. 5).

No, la solución no está en retirarse de una vida responsable; lo que Salomón propugna es el equilibrio. ¿Reconoce usted ese sano equilibrio en las palabras siguientes? "Más vale un puño lleno con descanso [en hebreo es precioso; dice: un puño lleno de *quietud*], que ambos puños llenos con trabajo. . ." (v. 6) (corchetes del autor).

Estaría muy bien escribir eso en la visera de su automóvil, donde usted pudiera mirarlo cada mañana cuando se dirige al trabajo; o imprimirlo en el espejo de su cuarto de baño, donde se prepara para afrontar el día.

¿Ha escuchado usted el consejo? Un puño lleno de contentamiento y vida responsable es mejor que dos puños arañando, luchando, empujando y estirando para abrirse camino a la cima.

Volvamos atrás por un momento, a otro libro que escribió Salomón: el de Proverbios. Escondidos en su capítulo 15 hay más consejos que bien valen ser meditados con seriedad. En primer lugar, el versículo 16 dice: "Mejor es lo poco con el temor de Jehová, que el gran tesoro donde hay turbación."

¡Qué gran verdad! Considere ahora el siguiente versículo. Estos son proverbios comparativos, 'mejor es. . . que, mejor es. . . que'. "Mejor es la comida de legumbres donde hay amor, que el buey engordado donde hay odio" (v. 17).

Dicho de otro modo: Mejor es un plato de guiso de legumbres servido en una mesa llena de amor, que una enorme chuleta de vaca servida para usted por alguien que no puede ni verlo.

Mire seguidamente el capítulo 16, versículo 8, donde se encuentra otro proverbio comparativo: "Mejor es lo poco con justicia que la muchedumbre de frutos sin derecho."

Léalo de nuevo. ¡Deje que le cale! En nuestro competitivo mundo materialista tendemos a olvidar la profunda sabiduría de estas palabras. Ninguna cantidad de dinero vale las consecuencias de la injusticia. Como recordará, tratamos ese asunto en el Capítulo 7 de este libro. Ningún ingreso, por lucrativo que sea, basta para limpiar una conciencia culpable; por otro lado, un poco, cuando va acompañado de justicia, es mucho mejor.

Pero las ansias de éxito, sin importar el compromiso que se tenga, llevan a una terrible crisis seguida de desilusión. A medida que se intensifica la competencia, pugnamos por conseguir más, empezamos a consumir nuestra vida, y finalmente nos agotamos. Sin embargo, en vez de parar y hacer una evaluación, corremos aún más de prisa y más lejos sin enfrentarnos a las consecuencias. Nos negamos a preguntar a dónde conduce todo, o cuál será el resultado final de esa persecución enloquecedora. ¡Y nuestra soledad aumenta!

Luego viene lo que nuestra generación ha denominado "crisis de la edad madura". Esta se describe como un tiempo de intensa evaluación personal en el que nuestra mente se agita con pensamientos aterradores e inquietantes. Empezamos a poner en duda quiénes somos y por qué estamos aquí; así como por qué razón importan tanto las cosas. Es un período de desconfianza de uno mismo y de desencanto con todo. . . con todo lo que es conocido y estable. La mente nos hace jugarretas, y albergamos pensamientos terribles que no podemos admitir aun ante las personas más íntimas ni revelárselos. Por otro lado, repito que nuestra soledad se hace casi insoportable.

Durante esas crisis de la edad madura nos enfrentamos con varios enemigos: uno de ellos es el cuerpo. El jovencito universitario de hace sólo unos pocos años se está haciendo mayor. El vigor físico disminuye; y antes de que pase mucho tiempo, las palabras cobran nuevo significado para el individuo. Como lo expresa cierto cómico: "¡uno se queda sin resuello en las escaleras mecánicas!"; y además parece tener a un grupo de rock and roll en la vesícula biliar. Cuando usted hace un viaje de negocios, la azafata le ofrece café, té o leche de magnesia. La edad empieza a hacerse visible.

Tal vez usted se sienta identificado con la manera que tenía cierto hombre de describirlo: "Entonces las células de su cara hacen las maletas y huyen al sur a pasar el invierno, dejando a poca distancia del espejo a un individuo atónito y deprimido que se mira con incredulidad."

Otro enemigo del hombre es su trabajo. Ahora éste ya no le produce satisfacción; le parece exigente, una esclavitud. Le resulta decepcionante, y lo odia; pero no puede deshacerse de él porque ha de seguir pagando el flete. Y así la casa toma parte también en la rivalidad. Por último todo se deshace en humo. ¿Por qué? Porque nunca nos conformamos con lo que tenemos.

Por eso dice Salomón: Mejor es un poco, mejor es un puño

lleno de contentamiento, amor y tranquilidad, que dos puños que siguen peleando.

Desilusión personal

Hay una tercera escena que Salomón observa: Junto con las condiciones opresivas y la determinación de competir, ve asimismo la desilusión personal. Como las dos anteriores, se trata también de una escena caracterizada por la terrible futilidad; y así lo dice el monarca en su siguiente declaración: "Yo me volví otra vez, y vi vanidad. . ." (4:7).

En su observación "debajo del sol" vio la vanidad personificada, la futilidad en traje de tres piezas, como diríamos hoy; contempló el quebrantamiento y la desilusión reflejados en la cara de la confiada mujer de negocios; profesionales con ese gesto de hastío en el rostro a pesar de que poseían mucha "reputación"; hombres de "éxito" completamente aburridos a causa de su esclavitud al triunfo.

Y en este caso, Salomón ve a cierto hombre en particular: "Está un hombre solo y sin sucesor, que no tiene hijo ni hermano; pero nunca cesa de trabajar, ni sus ojos se sacian de sus riquezas, ni se pregunta: ¿Para quién trabajo yo, y defraudo mi alma del bien? También esto es vanidad, y duro trabajo" (v. 8).

¿Ha notado usted una cosa? En la primera visión que Salomón tiene de esta vieja tierra, hay *mucha* gente: muchos oprimidos y muchos opresores. En la segunda, ve a *dos* personas luchando la una contra la otra en competitiva rivalidad. Pero en esta tercera escena, sólo hay *un* individuo: un hombre. ¡Qué significativo resulta! Cuanto más alto sube uno por la escalera de lo que llamamos "éxito", tanto más solitario está, menos amigos tiene, y también menos contactos personales y menos cuentas que dar a otros. Cuando la persona se halla en el proceso de adquirir más cosas, menos se compromete con amistades verdaderas; eso es lo que le pasa al directivo solitario.

Hace varios meses, después de que compartiera algunas de estas ideas en una charla, un coronel del Ejército me paró y me dijo con mucho énfasis: "La próxima vez que usted hable de la soledad en la cima, no olvide a los militares: usted está describiendo mi vida de coronel de regimiento." Nuevamente oímos el gañido solitario de un jefe por la satisfacción duradera, por el verdadero compañerismo; ya que muy poco de esto acompaña al líder a medida que se acerca a la cima, sea hombre o mujer.

Examinemos ahora más de cerca al hombre del que nos habla Salomón. Tenemos a un individuo completamente solo: "que no tiene hijo ni hermano". Un supondría que en tales circunstancias, sus pensamientos serían algo como: "Ya que no tengo mucha familia por la cual preocuparme, voy a disfrutar de la vida. He conseguido este magnífico puesto y estoy ganando más dinero que nunca; de manera que voy a tumbarme y a llenar un puño de quietud junto con este lleno de trabajo, y así equilibrar ambos. Consideraré que *ya* tengo bastante." ¿Es eso lo que hace? ¡De ningún modo! Según el comentario de Salomón: "nunca cesa de trabajar". Como usted puede ver, por fin sale a luz la trágica realidad: no sabe cómo dejarlo; *no* es capaz de reducir la marcha. ". . . Ni sus ojos se sacian de sus riquezas, ni se pregunta: ¿Para quién trabajo yo y defraudo mi alma del bien?" (v. 8b).

¿No resulta sorprendente? Ese directivo típico es un líder tan compulsivo que no se detiene para hacerse las preguntas obvias como: "¿Por qué esto no produce satisfacción?" o "¿Cuál es su resultado?", o aun: "¿Por qué me estoy acabando y a la vez disfrutando de tan pocos placeres?" Salomón exclama: "También esto es vanidad, y duro trabajo" (v. 8).

UN ANALISIS PENETRANTE

Admítalo: El sueño de la gran sociedad es que trabajemos sin cesar; que luchemos constantemente; que ganemos cada vez más; que vendamos; que nos esforcemos sin tregua. . . ¡para conseguir más y más! En eso consiste la vida en la cumbre. Resulta estúpido; pero el estar allá arriba tiene algo sumamente halagüeño para el ego, y nos ofrece todas esas gratificaciones que no gozábamos cuando estábamos abajo. Subiendo hacia esa jaula en lo más alto pensamos que encarnaremos nuestro sueño largamente acariciado: "Ahora estoy en el país de la complacencia, del descanso, del regocijo. ¡Por fin he llegado!"

Deténgase por un momento y piense en algunas de esas gratificaciones magníficas: su lugar de aparcamiento privado, su cuarto de baño adjunto al despacho, un grueso cojinete debajo de la alfombra, oficina elegantemente empanelada, un sillón *altamente* reclinable, un sofá (¡fíjese usted en lo que es un sofá comparado con la eternidad!), cortinas, una gran ventana con vista panorámica del paisaje... Añadamos a su ayudante particular, un automóvil provisto por la compañía, varias tarjetas de crédito, una lancha que pilotar dos veces al año alrededor de algún puerto, desgravaciones fiscales... ¡y esa satisfacción ultra especial de su ego que le recorre cuando la gente lo llama "presidente", "doctor", o "director".

Salomón expresa: "Admítalo; eso no lo satisfará." ¿Está usted dispuesto a escucharlo? ¿Será usted lo suficientemente honrado consigo mismo como para hacer un alto en medio de la escalera y reflexionar sobre algo en lo que otros rehusan pensar? Deje de subir ahora mismo, sosténgase a ese peldaño y pregúntese: "¿Qué consigo con luchar por alcanzar el siguiente?" Y no continúe subiendo hasta que logre contestar a esto: "Si no estoy satisfecho *aquí*, ¿por qué creo que lo estaré *allí*?

UNA HISTORIA ANTIGUA PERO PERTINENTE

Jesús tenía una manera muy particular de contar historias, la cual nadie ha igualado jamás. Una de ellas se encuentra en el capítulo 12 de Lucas, y gira en torno a un independiente y muy competente empresario. En realidad, la historia se presenta como un diálogo entre Jesús y un individuo que se sentía defraudado. "Le dijo uno de la multitud: Maestro, di a mi hermano que parta conmigo la herencia" (v. 13).

¿Qué le parece: no es ese un punto apropiado para empezar? "Mis padres han muerto; y mi hermano es el ejecutor testamentario y se ha quedado con todo, o con la mayor parte. Dile que lo parta conmigo." Y Jesús responde, no a la petición en especial, sino al motivo que hay detrás de ella: ". . . Hombre, ¿quién me ha puesto sobre vosotros como juez o partidor? Y les dijo: Mirad, y guardaos de toda avaricia. . ." (vv. 14, 15).

No sería una mala advertencia para poner en la parte inferior de un diploma, ni una nota despreciable para enviarla anualmente a la gente que persigue el éxito: "Mirad, y guardaos de

El gañido solitario del jefe / 131

toda avaricia; porque la vida del hombre no consiste en la abundancia de los bienes que posee" (v. 15).

Y entonces contó una parábola, que comenzaba: "... La heredad de un hombre rico había producido mucho" (v. 16). Ahora bien, ¡alto ahí! Si usted es granjero seguro que comprenderá y se identificará con la historia; pero tal vez sea un profesional, de modo que parafraseémosla de la siguiente manera: "La clientela de un médico había aumentado mucho", "Los casos de un abogado se habían multiplicado", "La cuota de un vendedor era más alta que nunca antes", o "Los sueños de cierto empresario eran mayores, y más que los originales y todas sus ideas se estaban llevando a cabo. ¡El dinero entraba a raudales!" He ahí la escena.

Entonces el hombre de la historia que Jesús contó habla, consigo. No hay nadie más por allí; se encuentra solo en la cumbre, de manera que con la única persona con quien puede hablar es consigo mismo. Pero el problema consiste en que no se da las respuestas adecuadas. Pregunta: "¿Qué haré, porque no tengo dónde guardar mis frutos?" (v. 17). (Y para completar la idea, podríamos añadir: "Y el Gobierno me va a sacar un buen bocado"). Se ve en la necesidad de realizar algo con sus ganancias.

"¿Qué puedo hacer en cuanto a los impuestos? ¿Cuál es la solución a mi prosperidad y mis abultados ingresos? Este año he ganado bastante dinero, y si sigo así pasaré a una categoría tributaria más alta. ¿Qué haré?"

Y ahora he aquí la respuesta: "Esto haré: derribaré mis graneros, y los edificaré mayores, y allí guardaré todos mis frutos y mis bienes" (v. 18).

¿Le resulta familiar? "Simplemente lo reinvertiré en la compañía!" Esto es tan corriente como el periódico por la mañana: "La haré más grande. Añadiremos otro edificio. Inauguraremos otra oficina en los suburbios. La abriremos a la inversión pública. La convertiremos en una de las más grandes que existen." Esto tiene una clara implicación: "... porque me proporcionará la satisfacción que he estado buscando."

Ahora mismo no proporciona dicha satisfacción, ¿comprende?; pero el hombre sigue esperando, sigue agrandando, sigue alimentando su ego. "¡Madre mía, pero si existe un mercado tremendo para esto!" O se da esa excusa tan corriente de: "Esto va a suplir necesidades. Mi familia será más feliz porque tendrá más. . . ; de manera que, como es natural, derribaré todo, y edificaré más y más. Seguiré almacenando, para poder disfrutar (?) más." Pero luego da un paso gigantesco y demasiado lejos, sin preguntar: '¿Puedo?' "Y diré a mi alma: Alma, muchos bienes tienes guardados para muchos años; repósate, come, bebe, regocíjate" (v. 19).

Seguro que estas cosas físicas satisfarán todas las necesidades profundas de mi alma, ¿verdad?" ¡Mentira! Nada físico alcanza el alma, ni ninguna cosa externa satisface nuestras necesidades íntimas más profundas. ¡Recuérdelo! El alma pertenece a Dios; y en ese aspecto sólo El puede satisfacernos.

El alma posee un inevitable vacío con la forma de Dios, y hasta que El no invada y llene dicho vacío no podemos tener paz interior; que es lo mismo que decir: "Si Dios no ocupa el primer lugar en su vida, usted no podrá con el éxito." Pero si El llena su alma, su mente, si satisface su espíritu, no tendrá ningún problema con la prosperidad; todas las cosas están en su sitio. Entonces sus prioridades serán las correctas, y usted sabrá manejar su vida de manera que impacte al mayor número de personas posible. Si Dios lo prospera, si le otorga éxito material, y usted continúa caminando con El, El puede utilizarlo poderosamente en su plan. Además, si usted lo pierde todo, el Señor es capaz de darle lo necesario para soportar la pérdida y comenzar de nuevo.

Este capítulo no pretende ser un ataque a la prosperidad, ni dice: "Que todo el mundo haga voto de pobreza. Levanten la mano y repitan conmigo: 'Juro abandonar este próspero negocio', o 'Prometo jamás obtener beneficios'." Se trata más bien de un ruego, de una enérgica advertencia a tener nuestras prioridades en el orden correcto.

Muchos de los que triunfan y se hacen ricos y famosos tienen una gran lucha con todo esto. Algunos logran mantener una perspectiva clara; pero es difícil: como pasar un camello por el ojo de una aguja. ¿Recuerda usted las palabras de Jesús? ¡Cuán poco frecuente es encontrar a alguien que triunfa y que es auténticamente humilde!

El hombre de esta historia se dijo a sí mismo: "Come, bebe,

regocíjate". Podía comer y beber, pero no regocijarse; ya que la felicidad verdadera es don de Dios. Y de repente, un ángel se acerca al lado de este hombre —allí en su oficina, donde está hablando consigo mismo reclinado en su sillón de cuero—; es el ángel de la muerte, que aparece con los labios fruncidos y expresa: "Necio, esta noche vienen a pedirte tu alma; y lo que has provisto, ¿de quién será?" (v. 20).

¡Qué gran pregunta! Cada persona en búsqueda del éxito se la debe hacer a sí misma. Jesús añade a continuación: "Así es el que hace para sí tesoro, y no es rico para con Dios" (v. 21).

DOS PREGUNTAS INQUIETANTES

Cuando usted reduce todas estas palabras a lo estrictamente esencial, surgen dos preguntas: Primeramente: *¿Está usted diciéndose la verdad a sí mismo en cuanto a las posesiones?* ¿Sabe usted cuál es el efecto de la verdad? La verdad lo hará libre, usted puede contar con ello. De modo que ¿se está usted diciendo la verdad acerca de las posesiones?

En segundo lugar: *¿Está usted haciendo caso de la advertencia de Dios en cuanto a las prioridades?* ¿Qué lugar ocupa Él exactamente en su negocio o su actividad profesional? En que escalón de esa escalera planea usted encontrarse con Él y arreglar las cuestiones eternas? ¿Está usted prestando oído a la advertencia de Dios en lo relativo a las prioridades?

Quizás sea útil recordar a Yussif, el Terrible Turco, campeón de Europa de lucha libre hace más de dos generaciones. El hombre pesaba 159 kilos. Después de ganar el campeonato de Europa, Yussif se embarcó hacia los Estados Unidos a fin de derrotar al campeón norteamericano, Estrangulador Lewis, un tipo comparativamente pequeño que pesaba poco más de 90 kilos.

Aunque no era enorme, Estrangulador tenía un simple plan para derrotar a sus contrarios, el cual nunca le había fallado: ponía su impresionante brazo alrededor del cuello de su oponente, y a continuación inflaba el bíceps y le cortaba el suministro de oxígeno, cerca de la nuez. Muchos contrincantes habían perdido el conocimiento en el ring con Estrangulador Lewis.

Pero el problema con que se encontró Lewis a la hora de enfrentarse con el Turco fue que el gigante europeo no tenía cuello! Su cuerpo pasaba directamente de la cabeza a aquellos sólidos hombros. Estrangulador nunca logró hacer su llave; así que Yussif no tardó mucho en lanzarlo a la lona e inmovilizarlo. Después de ganar el campeonato, el Turco exigió que se le dieran los $5.000 del premio en oro, y tras ceñirse el cinturón de campeón alrededor de su amplia cintura, metió el oro en el cinto y subió a bordo del primer barco para volver a Europa. Ahora era el dueño de la gloria y del oro de los Estados Unidos. Lo había ganado todo, menos la inmortalidad.

Se hizo a la mar en el *SS Bourgogne*, que a mitad del Atlántico y debido a un fuerte temporal comenzó a hundirse. Yussif saltó por la borda con su oro todavía fajado alrededor del cuerpo. Aquel peso adicional fue demasiado para el Turco, quien se hundió como un yunque de hierro antes de que los botes salvavidas pudieran llegar hasta él. Nunca más se lo vio de nuevo.

"¡Qué necio!", exclamamos. ¿Verdad que el debiera haber tenido mucha más clase que todo eso? ¡La gente de éxito no lleva su oro encima! Pero usted sabe dónde está el suyo. . . ¿a que sí? Lo tiene almacenado, y siempre que necesita de él puede cobrarlo.

Pero el fondo del asunto es éste: "¡El oro no le franqueará la entrada a la gloria ni le ayudará! Lo que pretende destacar la parábola de Jesús puede resumirse en pocas palabras: Uno no está verdaderamente listo para la vida hasta que lo esté para morir. Si usted no tiene la certeza absoluta de que su destino final es el cielo, entonces resulta muy dudoso que vaya a ser capaz de resistir las presiones terrenales.

Recuerde que hay cosas que deberían ser y que sin embargo jamás serán. Esto lo dije al principio del capítulo; permítame ahora mencionar otro par de ejemplos ahora que hemos meditado acerca de los "jefes": las posesiones *deberían* satisfacer, pero no lo hacen; las prioridades *deberían* venirles como algo automático a las personas inteligentes, sin embargo no es así. Por esto necesitamos el Libro de Dios: la Biblia. Ningún otro libro salvo ése nos trae constantemente a la verdad en relación con las posesiones; y no hay otro que nos recuerde vez tras vez cuáles son las prioridades básicas.

UNA PALABRA FINAL

Usted dice que su problema no son los ingresos. Bueno, pues las palabras de Salomón van dirigidas tanto a los que a duras penas se ganan la vida, como a los "jefes" que tienen todo resuelto desde el punto de vista económico. De hecho, hay un número igual de envidiosos pugnando por subir (o quizá más) que jefes gañendo en el ático del éxito. Usted puede ser tan codicioso y estar tan solitario en su ascenso como aquellos que se encuentran ya en la cima.

Vuelvo a preguntarle: ¿Está diciéndose a sí mismo la verdad en cuanto a las posesiones? ¿Y prestando oído a la advertencia de Dios en lo referente a las prioridades? Si no lo ha estado haciendo hasta el momento, hágalo ahora.

Es bastante decepcionante abrirse paso hasta la cima y convertirse en el "rey de la montaña" o la "cabeza del montón", en el magnate del distrito residencial donde vive o en quien marca la pauta en su profesión, sólo para que todo se desmorone delante de usted... pero puede sucederle. Sin embargo, he aquí una buena noticia: ¡Eso no tiene por qué pasar!

¡Naturalmente que se siente solo! Es bastante probable que usted mismo se metiera en su propio lío. Para expresarlo sencillamente: se olvidó de llevar consigo a Dios: pero por su gracia El no lo ha desahuciado a usted, ni ha dejado que muera... sin embargo, llegará un día en que ninguna cantidad de dinero impedirá que eso suceda.

Jesús, la autoridad suprema en cuanto a la vida —y en cuanto la vida después de la muerte—, dijo en cierta ocasión: "Mas buscad primeramente el reino de Dios y su justicia, y todas estas cosas os serán añadidas" (Mateo 6:33). Todas esas otras "cosas" entrarán en su debida perspectiva si Cristo ocupa el primer lugar en su vida.

¿Ha habido algún momento de su existencia en el que usted dijera: Jesucristo, sé el Rey; ocupa el primer lugar; te invito a tomar el mando; sé Tú quien me aconsejes cuando hago preguntas... Jesús, Tú moriste por mí, y has resucitado de los muertos; pongo mi vida delante de ti —todo el lío en que la he convertido, toda la opresión, toda la competencia, toda la desilusión—; tómame... sálvame; vengo tal como soy: un pecador... Necesito tu perdón, tu vida"?

En caso contrario, si no ha hecho nunca tal oración hágala ahora. Reciba el don de la vida eterna que El le ofrece. Vuélvase a El con fe. ¡No espere! Esa decisión, mi querido "jefe", merece la máxima prioridad; no sé de ninguna otra cosa que pueda silenciar un gañido solitario.

9

UNO MAS UNO IGUAL A SUPERVIVENCIA

Dos hombres pueden lograr de su trabajo más que uno, porque el resultado puede ser mucho mejor. Si uno cae, el otro lo levanta; pero si el hombre solitario cae, su problema es grave.
Además, en una noche fría, dos debajo de una frazada se dan calor mutuamente; pero, ¿cómo se calentará el solitario? Y uno solo puede ser atacado y vencido, pero dos, espalda contra espalda, pueden resistir y triunfar; y tres son aún mejores, pues una cuerda triplemente trenzada no es fácil de romper.

—Paráfrasis de Eclesiastés, por el autor

En cierta ocasión, un perplejo estudiante de otro país que había venido en intercambio cultural, expresó abruptamente en mi presencia: "Los norteamericanos son personas solitarias." En un principio, me puse a la defensiva, ya que su evaluación me parecía excesivamente dura; pero desde que oí al joven decir aquello, he llegado a la conclusión de que estaba en lo cierto. Hay algunas maravillosas excepciones, pero son sólo eso: excepciones, y no la regla.

Ralph Keys, autor de *We the Lonely People* (Nosotros, la gente solitaria), dice que por encima de cualquier otra cosa los norteamericanos valoramos la movilidad, la conveniencia, y la intimidad. "De esas tres —añade— la intimidad es nuestro valor más preciado." Si usted es norteamericano, piénselo antes de decir que no está de acuerdo.

Sin embargo, tal vez le sorprenderá saber que esta preciada intimidad que tanto representa para los norteamericanos es relativamente moderna. El historiador Jacob Burchhardt dice que "antes del Renacimiento, el hombre occidental apenas estaba consciente de sí mismo como individuo. En su mayor parte, derivaba su identidad de su pertenencia a grupos tales como la familia, la tribu, la iglesia, el gremio..." Y según él "fue necesaria la creación de la imprenta para desgajarnos de nuestras tribus y plantar en nuestro cerebro el sueño del aislamiento" (lo que imagino que quiere decir que la mayoría de nosotros preferimos acurrucarnos a solas con un libro que estar con otra persona).

Además, nuestro excesivo énfasis en la intimidad nos ha hecho valorar la tecnología más que las relaciones. En cuanto a esto me vienen a la mente dos ejemplos clásicos.

Primero: La mayoría de los norteamericanos recuerdan la primera vez que su nación colocó en la luna a un equipo de astronautas: fue en 1969. ¡Qué magnífico acontecimiento! Cuando pocos días después el Presidente se refería a ese sueño nacional hecho realidad, afirmó que se trataba del "mayor evento en la historia del mundo". Al escuchar aquello, lo puse en duda: "¿Es realmente así? ¡Nada de eso!" Y después de considerar su comentario, me di cuenta de que era una señal de nuestra ultraelevada valoración de la tecnología. Tecnológicamente hablando, *fue* un logro estupendo —tal vez "el mayor" en su género—; pero la cima más elevada y absoluta de la historia... difícilmente.

Segundo: Recuerdo haber escuchado en 1983 un diario de noticias que incluía un breve comentario final. El locutor expresó que la tasa de divorcios está creciendo en el Silicon, Valley del norte de California. Eso no me sorprendió; lo que sí lo hizo fue aquello que el comentarista añadió a continuación: a saber, que muchos de los cónyuges ahora solitarios no estaban demasiado afectados por el fracaso de sus relaciones domésticas. ¿Por qué? "Porque en la actualidad tienen más tiempo para estar a solas... *con sus computadoras.*"

Si el viejo Rip Van Winkle entrara tambaleándose en escena hoy día después de haberse pasado durmiendo los últimos veinticinco o treinta años, pienso que le daría un infarto al ver lo bien que nos relacionamos con las pantallas verdes y las máquinas que tintinean, y lo mal que lo hacemos con la carne y la sangre. No somos únicamente personas solitarias; sino que además padecemos de soledad.

LOS LAMENTOS DE LA SOLEDAD

Hay algunos lamentos corrientes pronunciados por labios de soledad; todos los hemos escuchado. El primero que mencionaré proviene de un corazón de reproche, y dice en efecto: *"¿Por qué no me ama la gente y me ayuda a salir de mis problemas?"* Como respuesta a esos, yo diría que las amistades hay que cultivarlas; no surgen automáticamente cuando nos golpea la calamidad. Tampoco he oído nunca de ningún negocio de alquiler de amigos.

Y surge el segundo lamento: *"¡Ojalá se diera cuenta la gente de lo difíciles que son las cosas!"* Sin ánimo de parecer insensible, permítame decirle que hay pocas cosas que debiliten y por último arruinen una relación tanto como la compasión propia. Las personas que quieren recibir la atención de los demás son aquellas que pronto hacen que los otros se cansen de dársela.

Si no ha incluido a otras personas en su vida, no las culpe por no estar ahí cuando a usted lo golpea la calamidad; además el compadecerse de sí mismo no lo sacara de su desgracia. Puede que formar y cultivar una camaradería significativa suponga un trabajo duro. . . ¡pero qué abundantes dividendos produce!

El tercer lamento procede de aquellos que se consideran mártires: *"¡A nadie le importo realmente! ¡Estoy solo en esto!"* Podemos criticar a cualquier persona que no esté al corriente de que nos encontramos en dificultades por no responder. En un tono positivo, diré que si esperamos sobrevivir a las épocas dolorosas y desgarradoras en este viejo planeta solitario, es esencial estar con otros. La ecuación no pretende ser original, sino que en realidad: uno más uno es igual a supervivencia.

Hay una vieja máxima sueca que cuelga en muchas cocinas de ese antiguo país, y dice: "Un gozo compartido es un doble gozo; y una pena compartida, media pena." He escrito un libro que trata totalmente del valor de las relaciones francas,[1] de modo que no lo repetiré aquí; baste decir que, sin otros, la vida se va debilitando hasta convertirse en un trabajo penoso con bastante rapidez. Como declara ese pequeño refrán de cocina, el secreto de la supervivencia no es simplemente disfrutar de los goces de la vida y soportar sus tristezas, sino compartir ambos con otras personas.

UN CONSEJO PARA LOS SOLITARIOS

Todo esto nos prepara para recibir más del sabio consejo de Salomón. Probablemente usted haya notado que el monarca nos ha estado llevando hacia un clímax al hablar del mundo opresivo, competitivo y compulsivo de aquel o aquella que se abre paso hasta la parte más alta de la escalera y se convierte en el "jefe". Una vez logrado su objetivo, el triunfante empresario descubre que por allí no hay demasiada gente. Después de ascender a la cúspide de la pirámide, el líder se da cuenta por lo general de que también se ha convertido en un solitario.

¡Pero claro! ¿Acaso no recuerda usted la forma de las pirámides? En su cúspide no caben varios individuos; sólo hay un punto. De modo que esa persona que ejerce su influencia sobre tantos otros, se encuentra extrañamente privada de amigos; y con frecuencia, como vimos anteriormente, ni siquiera los miembros de su familia están próximos a ella.

Por tanto, con mucha sinceridad y perspicacia, Salomón se dirige a los solitarios; en realidad nos habla a todos en esta sección de su diario: "Mejores son dos que uno; porque tienen mejor paga de su trabajo. Porque si cayeren, el uno levantará a su compañero; pero ¡ay del solo! que cuando cayere, no habrá segundo que lo levante. También si dos durmieren juntos, se calentarán mutuamente; mas ¿cómo se calentará uno solo? Y si alguno prevaleciere contra uno, dos le resistirán; y cordón de tres dobleces no se rompe pronto" (4:9–12).

Si usted se sintió excluído en el capítulo anterior, no hay razón para que le suceda lo mismo en éste, el cual se dirige a aquellos que están arriba, a los del medio, a los que comienzan el ascenso, a los de abajo, ¡e incluso a aquellos que no saben ni siquiera adónde van!

Enunciación de un hecho

La primera línea prepara la escena mediante la enunciación de un hecho: "Mejores son dos que uno."

Si usted es casado (especialmente si es feliz con su cónyuge) y lee estas palabras, probablemente piense que se refieren al matrimonio; pero van dirigidas tanto a los casados como a aquellos que no lo están. En esta sección el matrimonio no se menciona ni siquiera una vez, cuyo objetivo son los seres humanos de esta tierra solitaria que se preguntan cómo pueden sobrevivir en nuestra cultura del "comerse unos a otros", que es la dura realidad.

Salomón dice: "Mejores son dos que uno [y luego nos explica por qué]; porque tienen mejor paga de su trabajo" (v. 9) (corchetes del autor). *La Biblia al día* lo expresa aún con mayor sencillez: "Porque el resultado puede ser mucho mejor."

Teniendo a alguien al lado ganamos perspectiva, objetividad, valor en situaciones amenazadoras. El estar cerca de otros templa nuestro dogmatismo y suaviza nuestra intolerancia; además de hacernos ganar una opinión adicional; obtenemos lo que en nuestro técnico mundo de hoy llamamos *input* (entrada).

Dicho de otro modo: que es mejor no trabajar o vivir la propia vida uno solo; al igual que no ministrar en soledad. Resulta más seguro estar acompañado en la batalla. Esa es la razón por la cual, en mis días en la *Infantería de Marina*, se nos enseñaba que cuando recibíamos la orden de atrincherarnos debíamos cavar un agujero lo suficientemente grande para dos de nosotros.

Me encanta un poema que encontré recientemente:

¡Oh que alivio, inexpresable alivio,
El de sentirse seguro con alguien!
No tener, ni que sopesar los pensamientos,
Ni que medir las palabras; sino simplemente
Dejarlas salir, tales como son,
Paja y grano juntos,
Seguro de que una mano fiel
Las tomará y cribará,
Guardando lo que valga la pena
Y haciendo volar el resto
Con el soplo de la bondad.[2]

Por eso "mejores son dos que uno."

Razones por las cuales dos son mejores que uno

Una vez enunciado el hecho, Salomón toma tiempo para explicar por qué es así, y menciona tres razones: el mutuo aliento cuando estamos débiles, el apoyo del uno para con el otro cuando somos vulnerables, y la protección mutua si se nos ataca. Considerémoslas en ese orden:

1. *El mutuo aliento cuando estamos débiles.* "... Si cayeren, el uno levantará a su compañero."

En momentos de fracaso personal, cuando podríamos ser engañados, cuando nos sería fácil tropezar o quedar atrapados (fíjese que digo "cuando" y no "si"), cuando nos damos un batacazo, cuando nos hemos metido en un lío... necesitamos a algún compañero que nos guarde de magullarnos y ensangrentarnos demasiado; y ese compañero no nos dejará en la estacada. Si uno de los dos amigos cae, el otro puede ayudarlo a levantarse. ¿Verdad que es magnífico?

Durante unos minutos quisiera dirigirme a los hombres: Muchos de ustedes fueron educados, al igual que yo, por maestros, padres y entrenadores bien intencionados, en un mundo masculino que pensaba que nos hacía un gran favor insistiendo en que éramos duros, rudos, ganadores, que podíamos salir adelante; que pertenecíamos al grupo de los pioneros, de los que sobreviven, de los vencedores, de los que siempre están por encima de las circunstancias. De nuestros entrenadores recibíamos consejos tales como: "Enfréntate a ello como un hombre", "Sé hombre", "Aprieta los dientes y sigue adelante".

¿Quiere usted oír la verdad franca? Muchos de nosotros, "tipos duros", hablamos grandes cosas, pero en realidad somos débiles. Damos la impresión de tenerlo todo bien controlado, sin embargo no es así. Piense en mí, por ejemplo: parezco alguien independiente, sin mucha necesidad de otros, capaz de aguantar de todas formas; pero eso no siempre es cierto. Cualquiera que me ve piensa que no me apoyo mucho en otros; sin embargo, la mujer con quien me casé sabe cuánto la necesito. ¡Vaya que sí lo sabe! Y ella y yo tenemos hijos que a veces nos ministran en nuestras necesidades. Mis mejores maestros en la tierra son cinco —me refiero a aquellos que llevan mi apellido—; y asimismo cuento con un pequeño grupo de hombres que me conocen muy bien. Se trata de individuos dignos de confianza y reservados a los cuales necesito de veras. ¿Por qué? Porque soy débil y preciso su consejo. Además, en ocasiones me equivoco; ¡si lo duda acéptelo por fe! Necesito que esos hombres me alienten, y, si llega el caso me reprendan. Estas palabras de David W. Smith expresan sentimientos que muchos de nosotros comprendemos.

Dentro de cada hombre hay un oscuro castillo con un dragón feroz que guarda la entrada. Dicho castillo encierra un yo solitario, un yo que la mayoría de los hombres han reprimido, un yo que tienen miedo de mostrar. En vez de ello, presentan a un caballero con armadura; a nadie se le invita a entrar en el castillo. El dragón simboliza los miedos y las fantasías de la masculinidad, los residuos de la infancia...

Cuando los hombres se arriesgan a bajar las barreras (o puente levadizo), los individuos responden unos a otros como personas completas e intentan comunicarse con franqueza e intimidad. La franqueza trae consigo oportunidades para desarrollar una relación y ampliar el espectro de las experiencias sentidas en lo hondo. Estas son las cosas que ayudan a formular y mantener una amistad.[3]

Salomón lo expresa de la siguiente manera: "Si cayeren, el uno levantará a su compañero; pero ¡ay del solo!..." Detengámonos por un momento y consideremos la palabra ¡ay! Podríamos sustituirla fácilmente por *¡Dios nos asista! ¡Socorro! ¡Peligro!...* Sigamos ahora con el resto del versículo 10: "... que cuando cayere, no habrá segundo que lo levante."

¿Quién lo levanta a usted cuando cae? ¿Nadie? Pues ¡no es raro que se sienta solo! Y la extraña ironía de todo esto es que el matrimonio no supone una solución garantizada para la soledad. Bastante a menudo hablo con personas casadas que *todavía* sufren de soledad. Algunas parejas tienen más bien una relación basada en el "busca y destruye al enemigo" que en el "apoya, alienta, y afirma". Es algo trágico, pero cierto, que hay personas cuyo cónyuges no dan honor a su pareja. Pocos *ayes* son más difíciles de sobrellevar que éste.

2. *Apoyo del uno para con el otro cuando somos vulnerables.* "También si dos durmieren juntos, se calentarán mutuamente; mas ¿cómo se calentará uno solo?" (v. 11).

¿Verdad que es una buena declaración? Ahora bien, aquí tenemos de nuevo la tendencia a tomar los pasajes al pie de la letra y pasamos por alto el sentido global de la idea.

Es cierto que los esposos que se deslizan adentro de la cama en una noche fría y borrascosa de invierno reciben mucho calor el uno del otro. (¡Desde luego hay cónyuges que son tan fríos por naturaleza que no es posible generar el calor suficiente sin una frazada gruesa!)

Pero no limitemos esto sólo al calor del lecho. Necesitamos a otro cuando hay elementos que no podemos cambiar: cuando no nos es posible hacer caliente lo que es frío. No podemos calentarnos si todo alrededor de nosotros está helado. De eso se trata: nos vemos expuestos, desguarnecidos, vulnerables... y en ese estado precisamos de alguien que nos caliente. Para decirlo de otro modo: es mejor ser dos que uno, porque la otra persona nos sostendrá cuando estemos en una posición vulnerable.

Permítame mencionar algunas ocasiones de vulnerabilidad por si usted no puede pensar en ninguna. Empecemos con el primer día en un nuevo trabajo: ¿no es un infierno? Uno tiene la impresión de que los cuarenta pares de ojos de la oficina están fijos en uno. ¡Qué bueno es contar con un amigo en momentos como ese!

También el primer día en la escuela. Esa sí que es otra. Existen bastantes probabilidades (si acaba de mudarse al área donde reside) de que haya escuchado a alguno de sus hijos decir algo parecido a esto: "Pero no sé qué haré la semana que viene, cuando vaya al colegio con todas esas fieras, con todos esos animales, con todos esos extraños." Se sienten expuestos, incapaces de soportarlo.

¿Y qué me dice si usted se halla sentado en la sala de un tribunal, esperando a pasar al estrado de los testigos? En un momento tan amenazador hace mucho bien mirar a los presentes y descubrir una cara amiga. ¿Y si se trata de esperar en una habitación de hospital, o en la consulta de un dentista, o en otros lugares intimidantes? ¿O de hacer cola en la oficina de desempleo para recibir su cheque? ¡Su dignidad se encuentra más baja que el vientre de una ballena! Según las palabras de Salomón, usted necesita a alguien que lo mantenga caliente; hace "frío" ahí fuera cuando no se tiene trabajo. En ocasiones como estas es muy reconfortante tener un amigo.

En cualquier momento o lugar en que usted se sienta cohibido y su mayor batalla consista en "¿Cómo voy a poder soportarlo?", traiga a la memoria el versículo 11: usted tiene frío y necesita ayuda para mantenerse caliente. Mejor son dos que uno.

3. *Protección mutua si se nos ataca.* "Y si alguno prevaleciere contra uno, dos le resistirán; y cordón de tres dobleces no se rompe pronto" (v. 12).

Todos podemos sentirnos identificados con esto. Hay un adversario con el que cada uno de nosotros luchamos: es implacable, resuelto, ingenioso; y también invisible. Se llama Satanás. Asimismo existe todo un ejército de demonios que nos intimidarían aun más si pudiéramos verlos en acción; pero aunque esto no es posible, sentimos su presencia y estamos conscientes de su ataque.

Algunas veces, un compañero próximo a nosotros está capacitado para decirnos: "Yo creo que ese es un enemigo procedente del campo de Satanás; que estás luchando contra un ataque demoníaco"; y puede ayudarnos a salir de esas situaciones. He experimentado esto en mi propia vida, y muchos de ustedes también. ¡Reconozca las relaciones valiosas!

Tal vez el adversario es alguna otra persona que ha inventado rumores maliciosos y una sarta de mentiras contra usted, las cuales se están divulgando; o puede tratarse de alguien, sospechoso de los motivos que lo animan, quien lo acosa por razones que usted ni siquiera comprende. Quizás usted se haya convertido en el blanco de los dardos mentales del individuo en cuestión, y no tenga forma de salir de ello salvo aguantándolo. En tales ocasiones, los compañeros son casi imprescindibles. Y volvemos a esa importantísima ecuación: Uno más uno igual a supervivencia.

El versículo 12 finaliza con: ". . . Y cordón de tres dobleces no se rompe pronto." Esta no es simplemente una referencia a Cristo, que desde luego es nuestro Amigo —el mejor de todos—, sino a más de un compañero. Podemos tener varios —dos o tres—; pero la idea aquí es que un cordón de tres dobleces se sujeta con palabras de consuelo, con un brazo alrededor del hombro, o con la presencia visible, de tal manera que las aguas de su alma se mantengan tranquilas.

PRINCIPIOS PRACTICOS DE LA BIBLIA

Si usted es como yo, hay veces en las que le resultará de ayuda descubrir en la Biblia algunos ejemplos de carne y hueso: hombres y mujeres reales que encarnan la verdad. Tales personas nunca dejan de proporcionarnos esperanza, ya que incorporan la teoría y demuestran cómo puede manifestarse ésta en la vida de un individuo. A cada uno de estos ejemplos quiero añadir un principio que creo ayudará a hacerlo real en su mente.

Elías y Eliseo

La primera ilustración en que puedo pensar es la de un profeta que tenía un problema doble.

En primer lugar, dicho profeta fue guiado por Dios a presentarse delante de unos soberanos intimidantes y a hacer una predicción impopular referente a la sequía que se aproximaba.

En segundo término, él mismo habría de sufrir como resultado de aquella sequía, ya que su predicción hizo que se secara el arrollo de donde él bebía. El profeta se llamaba Elías.

Elías entró en el salón del trono de Acab y Jezabel, y anunció valiente y claramente a aquellas personas impías el mensaje de Dios. Ellos escucharon, se mofaron y dudaron; sin embargo la sequía vino exactamente como el profeta había predicho. No llovió más.

Con el tiempo, aquella tierra se llenó de cadáveres de animales hinchados, ya que la falta de lluvia, mezclada con los abrasadores rayos del sol, hizo que los ríos y arroyos se secaran, incluso la provisión personal de agua de Elías; entonces el profeta perdió su fortaleza física.

Pero no mucho después, vemos a Elías de nuevo en escena para enfrentarse con los profetas de Baal en el monte Carmelo. ¡Qué encuentro tan cargado de emociones! Elías combatió el fuego con el fuego e hizo frente solo a las fuertes palabras de ellos, mientras Jehová Dios daba aun mayor fuerza a las de su siervo. Por último Elías degolló a los profetas de Baal. Aquella debió ser una experiencia excepcionalmente agotadora.

Luego vino una lluvia increíble seguida de amenazas de

muerte para Elías de parte de Jezabel. Cuando el profeta estaba físicamente débil, emocionalmente vulnerable, y espiritualmente agotado, Jezabel atacó y dijo: "Así me hagan los dioses, y aun me añadan, si mañana a estas horas yo no he puesto tu persona como la de uno de ellos." ¡Aquello fue demasiado!

Elías corrió hacia una zona boscosa; y luego dejó a su siervo y se internó solo en el desierto. Por último, el profeta se desplomó bajo un árbol y pidió a Dios que le quitara la vida (estaba tan deprimido). El mismo hombre vigoroso que se había presentado solo delante de Acab y Jezabel, oraba ahora que Dios lo hiciera morir. Estaba cayendo... cayendo rápidamente.

¿Y qué hizo Dios? ¡Algo maravilloso! En ningún momento expresó: "Me avergüenzo de ti, Elías." Dios nunca entra en escena y dice: "¡Ponte derecho! ¡Sé hombre!" Jamás lo hace.

¿Sabe usted lo que le dijo? "Levántate, come." De modo que proveyó aquel delicioso alimento, y con la energía del mismo Elías se mantuvo durante cuarenta días y cuarenta noches.

Además, después de aquel largo descanso y de nutrirse con la deliciosa comida, el profeta hizo las paces consigo mismo y con Dios. Y adivine lo que sucedió en la escena siguiente. El Señor le dio a un amigo: Eliseo.

De hecho, el último versículo de 1 Reyes 19 dice que Eliseo siguió a Elías y le ministraba. ¡Qué magnífica escena! Elías lo ve, comprende el tremendo lazo de parentesco que los une, y echa su manto sobre Eliseo como diciendo: "Amigo, estamos unidos en esto; de ahora en adelante iremos juntos." Y el profeta sobrevive, y cobra nuevas fuerzas gracias a la presencia de un compañero; en realidad entra en una visión enteramente nueva de las órdenes de Dios para él. Dicho con palabras de Salomón: "Si alguno prevaleciere contra uno, dos lo resistirán."

Principio no. 1: Los compañeros calman las agitadas aguas de nuestra alma. Hay veces en que su alma se sentirá agitada, y usted albergará pensamientos que cinco años antes hubiera considerado heréticos. Incluso puede llegar a contemplar el suicidio "¡Dios, quítame la vida!" Habrá ocasiones en las cuales tendrá que enfrentarse al hecho de que usted se encuentra en esa terrible situación debido a malas acciones por su parte, o a cosas estúpidas que *usted* haya hecho. Usted es culpable; lo cual daña aun más su autoestima. Su agitada alma no quiere calmarse, usted necesita ayuda; y Dios entra bondadosamente en escena y le proporciona un amigo. Los compañeros calman las agitadas aguas de nuestra alma, como hizo Eliseo con Elías.

Rut y Noemí

En el Antiguo Testamento hay una escena más que viene a mi mente; una escena que gira en torno a dos mujeres: Rut y Noemí.

Noemí era una mujer piadosa, casada y con dos hijos. Para cuando la tinta del primer capítulo del libro Rut se seca, los hijos de Noemí son ya adultos y están casados; y el biógrafo nos habla de las dos maravillosas nueras de la mujer, una de las cuales es Rut.

De repente, por alguna razón no revelada, la desgracia golpea el hogar de Noemí, quien no sólo pierde a su marido, sino también a sus dos hijos. Noemí es más que una desconsolada viuda.

En ese estado vulnerable, Noemí dice benévolamente a sus dos nueras: "Andad, volveos cada una a la casa de su madre". En las palabras de Noemí había una fuerte implicación de que ella también pensaba hacer lo mismo. Quebrantada, sola, con su espíritu adolorido, ella trataría de reconstruir su vida y simplemente tener una muerte tranquila.

Pero Rut no estaba dispuesta a dejarla hacer eso. ¡Es una historia admirable! La joven viuda dijo a su suegra y amiga: "No me ruegues que te deje, y me aparte de ti, porque a dondequiera que tú fueres, iré yo, y dondequiera que vivieres, viviré. Tu pueblo será mi pueblo, y tu Dios mi Dios. Donde tú murieres, moriré yo, y allí seré sepultada; así me haga Jehová, y aun me añada, que sólo la muerte hará separación entre nosotras dos" (Rut 1:16, 17).

¡Qué magnífico discurso! Luego la nuera de Noemí rodeó con sus brazos a su querida suegra y la devolvió con su amor a la dignidad y a la vida.

Principio no. 2: Cuando somos vulnerables, estamos al descubierto, y nos sentidos cohibidos, los compañeros tienden puentes de esperanza y seguridad.

David y Jonatán

No puedo omitir dos últimos ejemplos: David y Jonatán. En otro tiempo vivió un rey que comenzó siendo un buen hombre, humilde y dispuesto; pero que sin embargo, después de algunos años en el cargo público perdió esas cualidades. Ese rey se llamaba Saúl.

Una vez, dirigiendo a Israel a la batalla, Saúl y sus tropas se enfrentaron con Goliat, el gigante filisteo; y el rey se sintió intimidado. A pesar de ser fuerte y alto (aunque no tanto como Goliat), Saúl se escondió en su tienda y empezó a temblar de miedo.

Entonces, de los cerros de Judea vino un muchacho adolescente que con sólo una honda y una piedra acabó con el gigante. Como consecuencia de aquel acto heroico, la gente comenzó a cantar: "Saúl mató sus miles y David sus *diez* miles." (itálicas del autor)

El rey, con toda su inseguridad, calculó la diferencia, y ésta era de nueve mil en favor de David. Entonces sintió que su puesto estaba amenazado por el joven, y se permitió ser víctima de toda clase de imaginaciones. ¡Cuán malvadas pueden ser nuestras imaginaciones cuando nos sentimos inseguros y carecemos de estabilidad! En vez de animar a David como excelente y joven guerrero que era —una ganancia para su ejército—, lo consideró un enemigo.

Saúl pudo haber adiestrado e instruido a David preparándolo para el trono; pero no quiso hacerlo. Pudo haberlo honrado y ascendido a un puesto de liderazgo; sin embargo no llevó a cabo tal cosa. Por el contrario, convirtió al joven el blanco de sus hostilidades; persiguió y acosó a David; y el antaño valiente matador de gigantes, llegó al límite de su capacidad emocional. No pudo soportarlo; de modo que literalmente huyó para salvar su vida.

Mientras tanto, aparece Jonatán; el hijo de Saúl. La Escritura dice: "Y lo amó [a David] Jonatán como a sí mismo" (corchetes del autor); y cierta paráfrasis añade: "Y le infundió dignidad y seguridad." Una y otra vez vemos a Jonatán fortaleciendo a su amigo David.

Principio no. 3: Los compañeros se ponen de nuestro lado

cuando otros se proponen deshacernos. Cuando no tenemos a dónde volvernos, cuando el adversario nos ataca con lanzas verbales y espadas de calumnia, no hay nada como un compañero para ayudarnos.

Esto nos trae de nuevo al excelente consejo de Salomón: "Mejores son dos que uno; porque tienen mejor paga de su trabajo. Porque si cayeren, el uno levantará a su compañero; pero ¡ay del solo! que cuando cayere, no habrá segundo que lo levante. También si dos durmieren juntos, se calentarán mutuamente; mas ¿cómo se calentará uno solo? Y si alguno prevaleciere contra uno, dos le resistirán; y cordón de tres dobleces no se rompe pronto" (4:9–12).

CONCLUSION: UN CANTO PARA LOS SOLITARIOS

Allá por los decepcionantes finales de los años 60 y principios de los 70, los Estados Unidos fueron desgarrados por las facciones y los disturbios. La guerra en el Sudeste Asiático seguía y no terminaba; los líderes gubernamentales estaban confusos y la juventud rebelde. Algunos pudimos no estar de acuerdo, y aun *hoy* seguir sin estarlo, en cuanto a la manera en que los jóvenes expresaban su desencanto; sin embargo, todos sobrevivimos y salimos adelante, aunque no sin algunas cicatrices.

Aquellos jóvenes vieron una falta de integridad en el gobierno aun antes que muchos adultos. Nosotros desechamos semejante pensamiento hasta el mismo final (por último lo admitimos hacia mediados de los años 70). Entretanto los jóvenes fueron rechazados por el "sistema", por los empresarios prometedores, los profesionales, y a menudo por los padres. Despreciamos su estilo de vida y decidimos no escuchar sus canciones. Sin embargo, ellos siguieron viviendo según dicho estilo y cantando dichas canciones; y muchos terminaron en las calles de las ciudades. El "sistema" no sabía qué hacer con aquellos que vivían en la calle y rasgueaban sus guitarras durante toda la noche.

En 1969, Paul Simon dio a los jóvenes una canción que los tranquilizaba, diciéndoles que cuando todo fracasa y cae, cuando no hay más que problemas por todas partes, queda una cosa que puede ayudarnos: un amigo. Ese amigo será "como un puente sobre las aguas agitadas".

¿Lo ha captado? ¿Ha reparado usted en las perspicaces palabras del autor? El no dijo: "Te daré un libro para leer"; ni tampoco: "Te diré lo que debes hacer"; ni aun: "Te proporcionaré un trabajo." No; sino: "*Me* tenderé... Te confortaré... *Yo* seré tu puente."

Si usted espera poder resistir los días de desilusión y las épocas de dificultad, el secreto es la amistad; o para repetir los términos de nuestra ecuación: "Uno más uno igual a supervivencia." No hay puente tan bueno como un amigo; especialmente cuando uno se ve forzado a vivir en la dura realidad de las aguas agitadas.

10

LO QUE TODO ADORADOR DEBERIA RECORDAR

Cuando entres en el Templo, ten abiertos los oídos y cerrada la boca. No seas como el necio que ni siquiera reconoce que es pecado hacerle a Dios promesas temerarias, pues El está en el cielo y tú aquí abajo en la tierra; sean, pues, pocas tus palabras. Así como el exceso de ocupaciones produce pesadillas, la necedad te convierte en necio parlanchín. Así, cuando le hables a Dios y le prometas hacer algo, no tardes en cumplirlo. Pues a Dios no le agradan los necios. Cúmplele lo prometido. Es mejor no decir que se va hacer algo, que decir y no hacerlo. En este caso, la boca te hace pecar. No procures excusarte. . . . Eso enojaría mucho a Dios; y El podría truncar tu prosperidad. Soñar y no realizar es necedad. . . en vez de eso, teme a Dios.

—Paráfrasis de Eclesiastés, por el autor

Muchas de las ideas y de los comentarios de Salomón son meditaciones horizontales: el lado amargo, estéril, aburrido. . . de la vida, visto por ojos desilusionados; pero en unas pocas y raras ocasiones, el monarca rompe con ese síndrome del escepticismo. Esas veces, sus observaciones contienen una notable perspectiva vertical que rasca y quita la capa de religión vacía y nos devuelve al fundamento sólido de una relación significativa con el Dios viviente.

En este capítulo vamos a examinar una de esas clarividentes ocasiones. Cual oasis fresco y muy necesario en medio de un árido desierto, estas palabras renuevan nuestro espíritu y nos restauran el alma. También nos permiten echar un desguarnecido vistazo a esos especiales momentos en los que nos salimos de la presión de nuestros compromisos laborales y sociales y entramos en la imponente presencia de nuestro Dios para adorarlo y concentrar en El toda nuestra atención... sólo en El.

A fin de disponerlo todo para nuestra meditación, tome tiempo para leer la siguiente porción de la Escritura y de reflexionar sobre ella, pertenece a una carta del Nuevo Testamento escrita originalmente a los hebreos: "Porque la palabra de Dios es viva y eficaz, y más cortante que toda espada de dos filos; y penetra hasta partir el alma y el espíritu, las coyunturas y los tuétanos, y discierne los pensamientos y las intenciones del corazón. Y no hay cosa creada que no sea manifiesta en su presencia; antes bien todas las cosas están desnudas y abiertas a los ojos de aquel a quien tenemos que dar cuenta" (Hebreos 4:12, 13).

SENCILLEZ ELEMENTAL EN UN MUNDO COMPLEJO

El libro *In Search of Excellence* (En busca de la excelencia) se convirtió en éxito de librería en el mercado de la noche a la mañana. Su popularidad se debió en parte al hecho de que no es un volumen teórico basado en ideas sin comprobar o en sueños académicos. No, sus autores —Thomas Peters y Robert Waterman— escribieron el libro después de investigar varias de las compañías mejor administradas de los Estados Unidos con vistas a descubrir las razones de su éxito. Pero el libro no termina ahí, sino que sigue explicando cómo pueden aplicarse esos mismos principios y técnicas en cualquier organización, grande o pequeña.

Hombres y mujeres en todos los Estados Unidos han apreciado la labor de estos dos escritores, debido a que el libro explica en un lenguaje claro cómo las compañías pueden tener éxito en el complejo mercado de los conglomerados y otras circunstancias difíciles. Inmediatamente antes de enumerar los ocho atributos que caracterizan a esas prósperas e innovadoras empresas de los Estados Unidos, los autores hacen esta declaración:

> Las compañías excelentes eran sobre todo, brillantes en lo fundamental: la maquinaria no sustituía al pensamiento; el intelecto no dominaba a la sabiduría; los análisis no impedían la acción... Más bien, esas empresas se esforzaban por mante-

ner las cosas sencillas en un mundo complejo.¹

En esta declaración sobresalen dos frases: Primeramente, "brillantes en lo fundamental"; y en segundo lugar, "sencillas en un mundo complejo". A ninguno de nosotros le sorprende que el libro se convirtiera en un éxito de librería. En estos tiempos complicados y presurosos, se habla muy poco de lo fundamental y sencillo.

La gente continúa hambrienta de respuestas básicas y de soluciones simples —no simplistas, sino sencillas: fáciles de comprender, libres de galimatías—; el mundo ansía soluciones que pueda captar y poner en práctica en su búsqueda de la excelencia para la vida; especialmente en un mundo que parece concentrar nuestra atención en lo complejo, lo ambiguo, lo borroso, lo confuso.

LA PALABRA DE DIOS: ESPERANZA PARA NUESTROS TIEMPOS

Después de leer el libro de Peters y Waterman, se me ocurrió que eso es verdad de nuestro mundo social del trabajo, pero lo es aún más de nuestra vida privada de adoración. El culto personal ya ha permanecido cubierto durante bastante tiempo bajo la capa de unas formas ritualistas y complicadas de buscar a Dios. La gente de hoy, como la de siempre, busca una base sensata y sencillez profunda para comunicarse con Dios nuestro Señor.

Creo que el mayor éxito de librería de todos los tiempos, la Biblia, sigue siendo popular por esa misma razón: es brillante en lo fundamental y permanece sencilla en un mundo complejo. De un nuevo vistazo, por ejemplo, a Hebreos 4:12, 13: "Porque la palabra de Dios es viva y eficaz, y más cortante que toda espada de dos filos; y penetra hasta partir el alma y el espíritu, las coyunturas y los tuétanos, y discierne los pensamientos y las intenciones del corazón. Y no hay cosa creada que no sea manifiesta en su presencia; antes bien todas las cosas están desnudas y abiertas a los ojos de aquel a quien tenemos que dar cuenta."

El libro de Dios no está lleno de madera muerta y de pensamientos embotados; sino que es "vivo y eficaz". Igualmente importante resulta el hecho de que sea "más cortante que toda espada de dos filos". Debido a esto, hace dos cosas notables, y funciona por dos razones claramente formuladas.

Lo que hace la Palabra de Dios

Si usted examina detenidamente el versículo 12, verá dos cosas que la Palabra de Dios hace; y a partir del 13, las razones por las que funciona. Primeramente, la Palabra de Dios "penetra" atravesando la "basura" de nuestra vida, las cortinas de humo, las excusas inaceptables, los pretextos que nos inventamos, los muros tradicionales tras los cuales nos escondemos; penetra cada estrato hasta llegar al corazón, que con el tiempo se ha hecho insensible; corta y va al meollo de la cuestión; traspasa y se introduce "hasta partir el alma y el espíritu, las coyunturas y los tuétanos".

La segunda cosa que hace la Palabra de Dios es discernir (es capaz de "discernir", v. 12). Nuestro vocablo *crítico* procede del término griego traducido por "discierne", cuyo significado literal es "cribar". La Palabra de Dios es un crítico de los pensamientos y de las intenciones de nuestro ser interior: lee y revela la verdad, toda la verdad, y nada más que la verdad, como un juez Omnisciente. A diferencia del bisturí del cirujano, que puede penetrar únicamente la carne, el Libro de Dios atraviesa, criba, y luego expone ante nosotros los hechos tales como son, e incluso los motivos que inspiraron nuestras palabras y acciones. ¡No es extraño que se diga que su Palabra es "viva y eficaz"!

Por qué funciona

¿Qué es lo que hace que sean tan efectivas esas verdades básicas y profundamente sencillas (comparadas con la información tan compleja de la era de alta tecnología en que vivimos)? ¿Qué tiene la Palabra de Dios, que cuando sus verdades se declaran y se creen funcionan, sin reparar en la cultura, la edad, el sexo, la madurez, las circunstancias, la época, o el lugar? El versículo 13 nos da un par de razones.

Primeramente, la Palabra de Dios funciona cuando la aplicamos a nuestra vida porque es de alcance universal; nadie se

Lo que todo adorador debería recordar / 157

encuentra oculto de ella. De hecho, el escritor de Hebreos sigue diciendo: "todas las cosas están desnudas y abiertas". Ninguna criatura puede esconderse de sus verdades; además, cuando trata algún asunto de nuestra vida, nada queda que no sea expuesto.

En segundo lugar, la Palabra de Dios da resultado porque es ilimitada en su revelación. El término *abiertas*, del versículo 13, significa "reveladas"; y *desnudas* viene de la misma palabra griega de la cual nuestro castellano deriva el término "tráquea".

¿Qué tiene que ver la tráquea con desnudar una cosa? Bueno, si usted fuera un animal que estuviera destinado para el sacrificio como se acostumbraba hacer en el siglo primero, lo descubriría de la forma más dura. Cuando se sacrificaban animales, el que lo hacía tomaba a la víctima por debajo de la barbilla y le levantaba la cabeza a fin de dejar "desnuda" o al descubierto la garganta; seguidamente hundía profundamente el cuchillo en la misma y lo degollaba, sacándole la sangre para el sacrificio. Así el significado que tenemos es "expuesto", "desnudo", como cuando se presenta la garganta al cuchillo. Si lo prefiere, diremos que la Palabra de Dios "busca la yugular" de uno.

La mayoría de nosotros hemos pasado por un examen médico muy intenso alguna vez en nuestra vida, en el que el médico comenzó mirándonos la lengua y acabó examinándonos los pies, nos estudió de arriba a abajo. Este examen físico a fondo, junto con las radiografías que se toman, las preguntas que se nos hacen, los comentarios, y las distintas pruebas proporcionan al médico un análisis bastante completo de nuestra anatomía.

Algunas veces, un examen así hace que el médico nos diga que necesitamos cirugía; otras que precisamos ejercicio, descanso, o un cambio en nuestra dieta; y en ocasiones el facultativo puede simplemente expresar: "¡Usted está estupendamente! ¡Vuelva a verme el año que viene!"

Lo interesante es que, en todas esas pruebas tan complicadas y bien planeadas, no hay ninguna técnica, ni análisis, ni radiografías que puedan revelar los pensamientos del corazón de uno o los propósitos de nuestras acciones. Sólo la espada de doble filo de Dios es capaz de penetrar más allá de la acción, hasta el motivo, a lo profundo de la actividad mental; de manera que El es el único que puede revelar la verdad completa. Por tanto, necesitamos escuchar su consejo y abrir nuestros ojos y oídos a su verdad. Cuando lo hacemos, descubrimos la fuente de información más excepcional con que cuenta la humanidad; y sólo entonces comenzamos a adorar de veras.

LA ADORACION A DIOS: VERDAD PARA NUESTRA MENTE

Un hermoso ejemplo de esa búsqueda de la excelencia en nuestra vida es el diario de Salomón. Siguiendo con el "paseo" de su experiencia, llegamos a una de esas secciones pintorescas que hacen más memorable cualquier viaje. Esta vista en particular es especialmente atractiva por lo mucho que se difiere del terreno que hasta ahora hemos ido contemplando. El escritor deja el ámbito secular, donde parece que pasa la mayor parte de su tiempo, para ocuparse del mundo de lo religioso.

Hay algo especial en desenrollar el papiro de la Escritura y permitir que sus penetrantes verdades hablen por sí mismas, nos sostengan, y a veces se habrán paso como si fueran llamas a través de la niebla que tan a menudo rodean nuestra adoración. En ocasiones nos asombra encontrar algo que jamás esperábamos.

Recuerdo que hace muchos años, cuando yo era un niñito, fui con mi padre durante el otoño a abrir la casita de campo que mi abuelo poseía en la bahía al sur de Texas. Me acuerdo que se trataba de una de esas visitas poco habituales antes de una reunión familiar. Ya que no podíamos reunir a la familia de cada uno al mismo tiempo en los meses de verano, acordamos reunirnos alrededor del Día de Acción de Gracias. Mi padre y yo nos adelantamos a fin de preparar el sitio, y encontramos algo que jamás olvidaré.

Cuando papá sacó la llave para abrir la puerta de la casita, vimos que había avispas entre la persiana y el cristal. Mi estómago se agitó un poco; pero lo verdaderamente horripilante era la escena que estábamos a punto de contemplar. Abrimos la puerta poco a poco, y ante nuestros ojos apareció un espectáculo increíble: ¡Había avispas por todo el suelo, sobre las paredes, incluso en los tomacorrientes vacíos y (si puede creerlo) *entre los colchones* de los catres y de las literas. ¡Cientos de miles de avispas! Crujían cuando las aplastábamos debajo de nuestros zapatos de lona mientras andábamos.

Cosa interesante: a ninguno de los dos nos picaron, ya que se encontraban en una época particular y curiosa de su vida en la que no clavaban el aguijón. Parecían estar en un estado de letargo, y pudimos barrerlas literalmente hasta afuera de la casa por millares. Pensamos que ya las habíamos sacado todas, cuando mi padre bajó la persiana de una de las ventanas, y desde allí salieron varias docenas más.

Cuando por fin nos acostamos aquella noche escuché unos extraños zumbidos cerca de mi oído. Mi padre trató de convencerme de que era sólo imaginación mía; y yo le dije que uno no *siente* imaginaciones debajo de su cabeza. Al encender la luz y levantar de nuevo el colchón, descubrimos otra capa de avispas que habíamos pasado por alto.

Cuando recuerdo esa increíble experiencia, me viene a la mente lo que supone abrir la Palabra de Dios. Al desplegar sus verdades y penetrar en sus páginas, son extraordinarias las cosas tan sorprendentes (y en ocasiones punzantes) que salen de allí. A menudo nos quedamos estupefactos una vez que hemos comenzado a leer. Considere por ejemplo la primera declaración de Salomón en el capítulo 5: "Cuando fueres a la casa de Dios, guarda tu pie; y acércate más para oír que para ofrecer sacrificio de los necios."

El monarca comienza con una firme manifestación como de centinela: "Cuando fueres a la casa de Dios, guarda tu pie." Imagínese que esa frase está entre signos de exclamación. "¡Cuando vayas a un culto de adoración, guarda tu pie!"

Salomón escribe a gente que está a punto de asistir a un lugar de adoración; y les advierte: "Cuando vayan de camino al templo, guarden sus pies; anden cautelosamente. . . ¡estén despiertos!" A pesar de que usted haya puesto atención a esto muchas veces en su vida, "¡guarde su pie!". Los necios se caracterizan por la estupidez: oyen palabras pero no hacen caso de ellas.

Esto me recuerda una escena corriente en la mayoría de los aeropuertos con mucho tráfico. Hay montones de gente distinta moviéndose por todas partes; pero una cosa es monótonamente igual —por lo menos en el Aeropuerto Internacional de Los Angeles—: una grabación que se escucha alto y claro cuando los viajeros se hallan en la acera esperando que los recojan o que pase el autobús. Esa grabación dice: "La zona blanca es sólo para carga y descarga; no para estacionar vehículos." Se trata de una cinta magnetofónica que funciona día y noche; y ¿sabe una cosa? La acera está llena de gente que ha aparcado su coche a lo largo de la "zona siempre blanca" —y cada zona blanca está llena de policías que reparten multas todo lo rápido que puedan escribirlas.

Me gustaría que hubiera alguna forma de anunciar por un sistema de altavoces, antes de cada reunión de adoración: "La zona de los bancos es para aprender, escuchar y cambiar (*Prohibido aparcar*)." Dios está diciendo: "¡Guarda tu pie! Estás a punto de correr un riesgo. ¡Cuidado! ¡Está atento! Escucha con atención. En tu cabeza se va a depositar una verdad destinada a cambiar tu vida." Pero hay muchas probabilidades de que aunque un altavoz hiciera un anuncio parecido, ocurriría lo mismo: la gente aún "aparcaría" y haría oídos sordos a la grabación.

¿Entiende por que es importante esto? Porque nuestro lugar favorito para aparcar es un banco de la iglesia. Uno sólo viene, se sienta (¡vaya, por fin he conseguido un asiento!), escucha y se marcha. Pero este pasaje dice: "No hagas eso; cuando vayas al lugar de adoración, estate dispuesto, atento. . . duerme más tarde, ahora presta atención."

En los primeros siete versículos, Salomón expone no menos de cuatro mandamientos, cada uno de ellos con su propia razón adjunta. Permítame formular esos cuatro mandamientos y sus respectivas razones antes de examinar cada uno de ellos:

Mandamientos	Razones
• ¡Acérquese y escuche bien!	• Porque Dios se está comunicando con usted.
• ¡Calle y esté tranquilo!	• Porque Dios escucha lo inaudible, y ve lo invisible.
• ¡Haga un compromiso y manténgalo!	• Porque Dios lo cree y no lo olvida.
• No tome una decisión ahora y la niegue después	• Porque Dios no pasa por alto nuestras decisiones.

Primero: Acérquese y escuche bien (porque Dios se está comunicando)

"Cuando fueres a la casa de Dios, guarda tu pie; y acércate más para oír que para ofrecer el sacrificio de los necios; porque no saben que hacen mal" (Eclesiastés 5:1).

¡Qué magnífico consejo brinda Salomón! Por otro pasaje de la Escritura sabemos que ese "sacrificio" es con bastante probabilidad una referencia a las palabras: "sacrificio de alabanza,... fruto de labios". A causa de esto, yo opino que el comentario de Salomón en el versículo 1 significa: "No ofrezcas palabras necias." O dicho de un modo más enérgico: "No hables tanto. No llenes el aire de ruido procedente de tu garganta. Calla. Escucha bien. ¡Acércate!"

Con frecuencia he pensado en formas de hacer que ello suceda. Creí que el reducir la intensidad de la luz, o tal vez aumentar el volumen del órgano, ayudaría; pero resulta imposible neutralizar tantas cuerdas vocales esforzándose en una congregación.

Incluso me he preguntado si debía colocar en el atrio un enorme cartel que dijera: "¡Silencio!" He pensado en poner música por el sistema de altavoces; pero eso no aquieta el corazón. No hay nada malo en un amable y tranquilo saludo, en un cordial y cariñoso abrazo, en un "¡Hola! ¿cómo estás?", o en un "Encantado de conocerlo"... seguidos de un: "Luego hablamos." Sin embargo, es completamente inapropiado que toda la preparación para adorar consista en un parloteo a gran volumen. Quizás eso había empezado a ocurrir en los días de Salomón.

Aparentemente el culto se había hecho trivial; la religión había decaído; y la gente se reunía para lo mismo que en otros lugares: simplemente para oír, sentarse, hablar, y partir. Pero este hombre dice: "No haga eso."

Gran parte de la adoración de hoy día no tiene fuerza; no es sino palabras vacías, frases gastadas que se asientan como lápidas sobre ideas muertas. La razón del mandamiento es, sin embargo, que el Señor está hablando; el Dios vivo se está comunicando con nosotros.

En cierta ocasión, Henry David Thoreau escribió lo siguiente: "Para hablar la verdad se necesitan dos personas: una que la exprese y otra que la escuche." Y Walt Whitman confesó: "Si se quieren tener grandes poetas hay que tener un gran público." ¡Me gusta eso! ¡Alguien que escriba y alguien que aprecie lo que se escribe! Para recibir grandes mensajes de Dios ha de haber un orador bien preparado y una congregación que también lo esté. Lo uno actúa juntamente con lo otro.

Antes de seguir permita que la verdad de esto lo aguijonee: mientras usted se prepara para la adoración, llegue a un acuerdo con sus labios y sus oídos. Experimente algo diferente para variar. Esté callado; pruebe el silencio.

Desde los primeros acordes de la música hasta la última palabra de la bendición (exceptuando naturalmente los períodos de respuesta, que son una de las partes más hermosas del culto), aprenda a esperar los pensamientos de Dios. Algunas veces dichos pensamientos llegan a nosotros en el silencio de la ofrenda; otras cuando alguien está guiando a los fieles en oración; y en ocasiones mientras se canta un himno. ¡Acérquese! ¡Escuche bien, porque Dios se está comunicando con usted!

Segundo: Calle y esté tranquilo (porque Dios escucha lo inaudible, y ve lo invisible)

"No te des prisa con tu boca, ni tu corazón se apresure a proferir palabra delante de Dios; porque Dios está en el cielo, y tú sobre la tierra; por tanto, sean pocas tus palabras. Porque de la mucha ocupación viene el sueño, y de la multitud de las palabras la voz del necio. . . . Donde abundan los sueños, también abundan las vanidades y las muchas palabras; mas tú, teme a Dios" (Eclesiastés 5:2, 3, 7).

Diciéndolo con palabras llanas: "¡No sueñe despierto!"

Me gusta la forma en que Derek Kinder explica este mandamiento: "Los sueños —dice— parecen ser fantasías de la mente que reducen la adoración a garabatos verbales."[2] ¿Verdad que es descriptivo? Resulta fácil para nosotros pasarnos un culto haciendo "garabatos" si dejamos que el mundo de nuestros sueños nos lleve de una vista imaginaria a otra: la experiencia de ayer en el mar, la de mañana en la oficina, las necesidades de los niños, la preocupación por cierto problema, la

Lo que todo adorador debería recordar / 163

decisión que hemos de tomar para el miércoles, el montón de ropa que planchar, el asado que se está quemando... lo que sea. El consejo de Dios es: "¡Deje que se queme! Olvídese de él; permanezca callado, en calma." Cuando usted está inquieto como un mar embravecido, la verdad de Dios no puede echar el ancla.

Se nos dice explícitamente que nuestras palabras sean pocas, que desechemos el apresuramiento; hemos de permitirnos la calma y la contemplación. Me viene a la mente una de las cosas que expresa el Salmo 46; este magnífico salmo de adoración comienza describiendo a Dios como "nuestro amparo y fortaleza", y termina con la garantía de que El es nuestro refugio. En la parte central del mismo (v. 10) hay un mandamiento muy conocido de todos nosotros: "Estad quietos, y conoced que yo soy Dios." Realmente, en el texto hebreo "estad quietos" es una sola palabra: "quietos", o "alto". Algunas referencias marginales sugieren "descansa... olvídate". Lo que quiere decir es: "¡Deja de luchar!"

La raíz del verbo en el texto hebreo original implica que hemos de hacer que algo se desprenda de nosotros, abandonar algo. ¿Y qué es lo que debemos abandonar? Creo que los redactores tienen razón al añadir palabras tales como "lucha", "ansiedad", "abstracción con las preocupaciones de este mundo"... ¡Deje todo eso!

Podemos estar tan preocupados que realicemos simplemente acciones de adoración vacías sin realmente escuchar. No respondemos bien porque no estamos recibiéndolo todo. El escritor expresa: "Estad quietos." ¿Por qué? "Porque así conocerán que yo soy Dios."

Esto nos trae de nuevo a las palabras de Salomón y a la razón de este segundo mandamiento: "Porque Dios está en el cielo, y tú sobre la tierra" ¿Qué cuadro se representa usted cuando lee que Dios está en el cielo y nosotros sobre la tierra? Me imagino que la mayor parte dirá: "El está muy lejos, muy arriba en el cielo, y nosotros muy abajo, aquí en la tierra; de modo que mejor haríamos en escuchar bien."

En realidad, se trata de una declaración de perspectiva, no de distancia. Dios está en el terreno de lo infinito. Sólo El oye lo inaudible y ve lo invisible; por esa razón hemos de estar tranquilos y silenciosos. Dios penetra profundamente en aquello que es imperceptible para los oídos humanos y observa con intensidad lo que los ojos de los hombres no pueden ver. Sabiendo que esto es cierto, "mírelo" con atención y escuche lo que El dice.

En su libro *The Fight* (La pelea), John White expresa:

> Es Dios quien desea establecer comunicación con nosotros. El tiene más anhelo de hablarnos que nosotros de escucharlo. Dios es increíblemente persistente en cuanto a tratar de establecer dicha comunicación; y nuestro verdadero problema consiste en que nosotros tendemos a evitar el oírlo. La verdad nos hace libres: no sólo revela una pauta, sino que nos libera para seguirla. Esto es lo que hace tan diferente a la Escritura de cualquier otro sistema de valores éticos que no tienen ningún poder para ayudar al que lucha.[3]

Venimos como compañeros de lucha a oír las respuestas básicas y sencillas de Dios para la vida en toda su complejidad; pero, si no tenemos cuidado, podemos arrastrar con nosotros el tumulto y la baraúnda de nuestros problemas; y estamos más dispuestos a volcar estos últimos en la escena que a oír a Dios hasta el final. El nos dice: "Estad quietos."

Tercero: Haga un compromiso de consagración y manténgalo (porque Dios lo cree y no lo olvida)

"Cuando a Dios haces promesa, no tardes en cumplirla; porque él no se complace en los insensatos. Cumple lo que prometes. Mejor es que no prometas, y no que prometas y no cumplas (Eclesiastés 5:4, 5).

Estas son unas de las palabras más olvidadas de la Escritura; especialmente en los días en que vivimos de raíces poco profundas y de consagraciones superficiales. Estamos mucho más dispuestos a saltar en paracaídas que a seguir hasta el final; como consecuencia de ello, una promesa es poco más que una esperanza eventual. Un voto representa una idea bonita; pero no un pacto irrevocable, ni un compromiso permanente con el que se pueda contar. Ya se trate de devolver cincuenta dólares o de permanecer fieles en el matrimonio, la idea de guardar un voto *a toda costa* es algo casi desconocido.

¡Pero no sucede lo mismo a los ojos de Dios! Nuevamente su

Lo que todo adorador debería recordar / 165

verdad nos penetra. El dice: "Lo prometiste, así que debes cumplirlo." Dios no está preguntando: "Si hacemos un pacto. . . ¿lo guardaremos? Antes bien, como Salomón declara en el versículo 4: "*Cuando* a Dios haces promesa. . ." Yo, personalmente, creo en los compromisos y pienso que son bíblicos. Creo asimismo que las promesas se convierten en un semillero para la acción.

Considere por un momento algún voto o compromiso que usted haya hecho para con Dios. Sin duda, habrá entre aquellos que leen este libro quienes puedan decir: "Yo hice un compromiso de encontrarme con Dios cada día de la semana." O quizás: "Prometí dedicar tiempo a mi familia, darle la máxima prioridad." Otros dirán: "Años atrás hice un voto en el altar con la persona que amaba, y prometí serle fiel durante el resto de mis días." O aun: "Me comprometí delante del pueblo de Dios, con mi hijo en brazos, a educarlo según la voluntad del Señor." Y los habrá también que puedan decir: "Cuando oí la Palabra de Dios referente al tema de la pureza, hice voto de permanecer moralmente puro para mi cónyuge; y lo hice delante del Señor."

Este mandamiento del versículo 4 es simplemente un recordatorio: "¡Guarda tu palabra!" Dios te creyó cuando hiciste aquel voto, y El no lo olvida.

Vivimos en tiempos dificultosos, en los cuales supuestos expertos piensan tener el llamamiento de aliviarnos de todo sentimiento de culpa. Yo estoy a favor de la liberación de la falsa culpabilidad; considero que ésta no tiene sitio en nuestra vida; que es una asesina, algo destructivo que nos conduce a una pobre salud mental y ciertamente nos causa disturbios emocionales.

Sin embargo, creo que hay un lugar para el sentimiento de culpabilidad verdadero; y que el mismo representa una influencia saludable y esencial para el cambio. Pienso que dicho sentimiento de culpabilidad es obra del Espíritu de Dios, el cual "redarguye". Puede ser algo sutil, o pronunciado e implacable; pero de cualquier modo ahí está. Muchos quitarían aun la más ligera agitación del alma, expresando: "Usted no tiene por qué vivir bajo tal carga de culpabilidad."

¡Oiga, un momento! ¿Quién dice tal cosa? ¿Qué es entonces un voto sino un compromiso del que hay que rendir cuentas. . .

un expresar a nuestro Padre celestial y a los demás: "Llevaré esto a cabo por doloroso y difícil que pueda ser"?

Tenga cuidado con relevarse de *todos* los compromisos para así poder ser "libre". Eso es peligroso; y además antibíblico.

En cierta ocasión vivió un rebelde que dio la casualidad de ser también profeta (una combinación bastante extraña). El profeta había hecho voto delante de Dios, que como portavoz suyo diría lo que El le mandase e iría a donde El quisiera. Esa es la forma estándar de obrar para los profetas.

De manera que Dios dijo a aquel rebelde-profeta: "Ve a Nínive", y súbitamente todo el celo político de Jonás sobrepasó su fervor religioso e hizo que se embarcase para Tarsis en lugar de obedecer a Dios.

Lo que Jonás decidió fue: "Voy a olvidarme de mi compromiso como profeta de Dios y a largarme." Hizo mal; usted ya sabe exactamente lo que sucedió, ¿verdad? Al final acabó en Nínive por medio del primer desembarco anfibio de la historia. Dios se salió con la suya; y cuando por último Jonás llegó allá, declaró a la gente de Nínive lo que el Señor le había ordenado; ¡lo cual produjo el mayor avivamiento que la humanidad haya conocido!

¿Qué hizo que Jonás cambiara de opinión? Siempre que oímos su historia, sonreímos; pensando en aquel profeta rebelde y en un gran pez. Pero al hacerlo pasamos por alto el verdadero secreto de la narración: escondido en el capítulo 2 de Jonás lo encontramos dando su testimonio *mientras se ahoga en el mar Mediterráneo.*

El profeta clama a Dios en oración. ¡Hable usted de una hermosa ilustración de la importancia de guardar un voto! "Invoqué en mi angustia a Jehová, y él me oyó; desde el seno del Seol clamé, y mi voz oíste. Me echaste a lo profundo, en medio de los mares, y me rodeó la corriente; todas tus ondas y tus olas pasaron sobre mí. Entonces dije: Desechado soy de delante de tus ojos; mas aún veré tu santo templo. Las aguas me rodearon hasta el alma, rodeóme el abismo; el alga se enredó a mi cabeza. Descendí a los cimientos de los montes; la tierra echó sus cerrojos sobre mí para siempre; mas tú sacaste mi vida de la sepultura, oh Jehová Dios mío. Cuando mi alma desfallecía en mí, me acordé de Jehová, y mi oración llegó hasta ti en tu santo templo. Los que siguen vanidades ilusorias, su misericordia abandonan. Mas yo con voz de alabanza te ofreceré sacrificios; *pagaré lo que prometí. La salvación es de Jehová*" (vv. 2–9) (cursivas del autor).

El arrepentimiento del profeta estaba directamente ligado a cumplir la promesa que había hecho a Dios.

Eso es lo que enseña el diario de Salomón. Algunas veces se necesita una experiencia difícil y penosa como aquella de ser echado por la borda, o ser despedido del trabajo, puesto a un lado por una enfermedad, empujado al rincón por varias relaciones dolorosamente fracasadas... para que aprendamos la importancia que tiene un voto, y volvamos a nuestros cabales y a la promesa que hicimos. Cuando nos comprometemos, debemos cumplir nuestro compromiso; porque Dios lo cree y no lo olvida.

Cuarto: No tome una decisión ahora y la niegue después (porque Dios no pasa por alto nuestras decisiones)

"No dejes que tu boca te haga pecar, ni digas delante del ángel, que fue ignorancia. ¿Por qué harás que Dios se enoje a causa de tu voz, y que destruya la obra de tus manos?" (Eclesiastés 5:6).

El cuarto mandamiento dice efectivamente: "No trates de salirte laboriosamente de una situación que tomaste en serio en la presencia de Dios." Usted no tiene derecho a decir:

"¿Sabe una cosa? Este... bueno... aquel compromiso que hice aquella vez constituyó un error."

"Cometí una equivocación. Este... sabe me casé con quien no debía."

"¡Ah! No debí haber dicho que iba a reajustar mis prioridades y pasar más tiempo con éste y aquél."

"No lo pensé bien; fue un error comprometerme con ese proyecto, especialmente por tratarse de algo que consume tanto tiempo y es tan agotador."

"Fue una equivocación decir que permanecería moralmente puro; Dios sabe bien que no soy más que un ser humano."

"Entonces era muy joven... Me imagino que es lo que llamaría un 'error de juventud'".

Dios no pone un límite de edad para las decisiones serias; sino que expresa: "Eso no cambia nada." Aun así, usted encontrará un montón de "autoridades en la materia" que le dirán: "¡Ah, así es como usted debe vivir; después de todo, Dios lo entiende!" La razón de este cuarto mandamiento es que Dios no hace caso omiso de nuestras decisiones ni las pasa por alto. A veces los niños son particularmente dados hacer grandes promesas que luego quebrantan.

Nuestras decisiones no poseen fecha de caducidad; de modo que no venga usted diciendo: "¡Ah! Señor, debes comprenderlo; ahora tengo veinte años más, y he aprendido mucho desde entonces." Lleve bien las cuentas; cumpla su promesa; mantenga sus votos.

LA ADVERTENCIA DE DIOS: FORTALEZA PARA NUESTRA VIDA

"Donde abundan los sueños, también abundan las vanidades y las muchas palabras; mas tú teme a Dios" (v.7).

Considere esas tres últimas palabras de la advertencia de Salomón: "teme a Dios"; o dicho de otro modo: *Toma a Dios en serio.*

A menudo pienso en personas que han sido de gran ayuda en mi vida espiritual, y doy gracias a Dios por ellas. Luego me pregunto: "¿Por qué significan tanto para mí?" Es que cada una añadió un peldaño a mi escalera cuando iba subiendo hacia la madurez. Fue gente que me convenció de que debía tomar a Dios en serio, y que aportó —y aporta— más a mi vida que ninguna otra. Eso no quiere decir que jamás se divirtieran —muchas de esas personas tenían un sentido del humor bastante desarrollado—; pero cuando se trataba de Dios, todos daban el mismo mensaje: "¡Aquí no se juega, Chuck! Actúa con seriedad. Si Dios lo dice, créelo... ¡hazlo!"

Un hombre dijo al respecto:

> El parloteo, las divagaciones y las palabras alocadas pueden estar bien en los sueños, pero no son adecuadas para la adoración. Nuestra relación con Dios es de un temor sobrio, respetuoso y reverente....
> ... La adoración falsa es una afrenta tan grande para El

Lo que todo adorador debería recordar / 169

como para un cónyuge los insultos obscenos. Es mejor sobornar a un juez que manipular a Dios con palabras huecas; abofetear a un agente de la policía que tratar de conseguir la influencia divina por medio de gestos vacíos; perjurar en un tribunal que acosar al Señor con promesas que usted no puede cumplir. Las exigencias y los deleites de Dios son: la plena adoración de nuestro espíritu y la verdadera obediencia de nuestro corazón.[4]

En búsqueda de la excelencia es algo más que el título de un libro; es la ocupación de toda una vida. La gente que toma a Dios en serio está en una constante búsqueda de la excelencia; y en caso de que usted haya comenzado a soñar despierto, lo invito a que despierte. Necesitamos formar un frente unido en esta importantísima búsqueda de la excelencia.

11

UNAS PALABRAS DIRIGIDAS AL LOCO POR EL DINERO

Si en cualquier parte del país ves que un rico oprime al pobre... no te sorprendas. Pues cada subalterno recibe órdenes de más arriba, y los más altos oficiales tienen la mirada puesta en sus jefes. Así es que la cuestión se hace una maraña de papeleo y burocracia....
El que ama el dinero jamás se saciará. ¡Qué locura pensar que el dinero produce felicidad! Cuanto más se tiene, más se gasta, hasta el límite de los ingresos. Entonces, ¿qué ventaja da la riqueza, como no sea verla escaparse por entre los dedos?... Pasa el resto de su vida ensombrecido: triste, desalentado, frustrado y enojado....
Gustar de nuestro trabajo y aceptar la suerte que la vida nos depara, es en verdad un don de Dios. Quien tal haga no tendrá que mirar con tristeza hacia el pasado....

—Paráfrasis de Eclesiastés, por el autor

En otro tiempo hubo una reina muy famosa que visitó a un rey muy rico. Había oído tanto acerca de las inmensas riquezas y del opulento estilo de vida del hombre, que no pudo resistir por más tiempo su curiosidad; de hecho, los informes que tenía eran hasta el punto excesivos que la monarca cuestionaba seriamente su validez. Se trataba de una de esas visitas irónicas en la que su recelo mantenía en jaque su entusiasmo.

La reina sabía que algunas de las cosas que había oído eran ciertas. Estaba al corriente de sus talentos arquitectónicos, de sus asombrosos logros como constructor, poeta, compositor musical, erudito en las ciencias de la vida; al igual que de su pericia como diplomático; todo eso se conocía a nivel internacional. Asimismo esperaba quedar impresionada con los alrededores elegantes del palacio del monarca y con sus exquisitos muebles. Tenía también la seguridad de que la capacidad e inteligencia del rey sería igualmente impresionante; pero todavía albergaba unas pocas dudas. "Seguramente no puede haber nadie *tan* sabio", murmuraba para sí mientras se dirigía desde su palacio en Etiopía al trono del rey en Palestina. Así fue como la reina de Sabá visitó a Salomón, monarca de los hebreos.

La dama tenía ciertas preguntas difíciles escudriñadoras que hacer al imponente rey. El la escuchó y respondió a cada una de ellas. A continuación la reina de Sabá recorrió el reino de Salomón, comió a su mesa, habló con sus servidores, observó y absorbió todo el panorama. "Y cuando la reina de Sabá vio toda la sabiduría de Salomón, y la casa que había edificado, asimismo la comida de su mesa, las habitaciones de sus oficiales, el estado y los vestidos de los que le servían, sus maestresalas, y sus holocaustos que ofrecía en la casa de Jehová, se quedó asombrada. Y dijo al rey: Verdad es lo que oí en mi tierra de tus cosas y de tu sabiduría; pero yo no lo creía, hasta que he venido, y mis ojos han visto que ni aun se me dijo la mitad; es mayor tu sabiduría y bien, que la fama que yo había oído. Bienaventurados tus hombres, dichosos estos tus siervos, que están continuamente delante de ti, y oyen tu sabiduría" (1 Reyes 10:4–8).

Como diríamos hoy, la reina de Sabá quedó "estupefacta". . . "aturdida"; y no pudo sino exclamar: "¡No me habían contado ni la *mitad!*" Aunque ella estaba acostumbrada a la elegancia, y riqueza, pero aquello era demasiado. El lujo y la belleza, por no mencionar la diplomacia que se respiraba, el reino de Salomón dejó a la reina boquiabierta, y ella no vio otra manera mejor de expresar su encomio que la de aumentar la riqueza del monarca. "Y dio ella al rey ciento veinte talentos de oro, y mucha especiería, y piedras preciosas; nunca vino tan gran cantidad de especias, como la reina de Sabá dio al rey Salomón" (1 Reyes 10:10).

Muy a menudo oímos hablar de la sabiduría de Salomón —tan familiar para nosotros como "la paciencia de Job"—; pero su riqueza no se menciona con tanta frecuencia. Permítame informarle por un momento al respecto: Sus ingresos anuales básicos, sólo en oro, eran de aproximadamente 20 millones de dólares; eso sin hacer referencia a sus líneas comerciales de importación-exportación y a los ilimitados emolumentos asociados con su condición de rey. El trono en que se sentaba estaba hecho de marfil tallado revestido de oro batido, y su mobiliario desafía literalmente a toda exageración. Imagínese esto:

> Todos los vasos de beber de Salomón eran de oro; y los de su casa de oro puro. Los escudos de sus valientes estaban hechos de oro batido, y su magnífico trono de marfil recubierto del oro más puro. En Jerusalén la plata llegó a ser tan corriente como las piedras.
> Salomón construyó para sí, literalmente, *un paraíso de placer*. Uno de sus principales lugares de vacaciones era Etam, adonde subía majestuosamente, en las mañanas hermosas, "ataviado de vestiduras blancas como la nieve, montado en su carro oficial (el cual estaba construido de finísima madera de cedro y adornado con oro, plata y púrpura; así como forrado de las más costosas tapicerías hechas por las hijas de Jerusalén) y acompañado por una guardia de sesenta valientes de entre los más altos y apuestos de los jóvenes israelitas, vestidos de púrpura de Tiro y con sus largos cabellos negros, que eran rociados cada día con polvo de oro, relucientes al sol".[1]

Estamos hablando de alguien "que nadaba en dinero". Sus terrenos —que incluían parques, un zoológico, un templo que era el asombro del mundo entero, su residencia personal (que más parecía un museo que una casa), espléndidos lugares de temporada, y cuadras equinas— dejarían al Taj Mahal a la altura de una estación de autobuses. Salomón era la opulencia personificada; sinceramente no creo que ni usted ni yo podemos comprender la inmensidad de sus riquezas.

¿Por qué me he molestado en decirle todo esto? Porque una persona así de rica sabe de lo que habla cuando saca a colación el tema de las finanzas. Cuando Salomón escribe acerca del dinero nos conviene tomar apuntes —él conoce bien el asunto—; y de ello trata precisamente en esta nueva página de su diario. Vayamos a la escuela del consejo del monarca; aprendamos bien la lección. . . Y si por casualidad usted es la clase de persona con tendencias materialistas y avaras, le sugiero que lea esta franca exposición que él hace con una concentración excepcional.

PRINCIPIOS PROVERBIALES PARA APRENDER

"Si opresión de pobres y perversión de derecho y de justicia vieres en la provincia, no te maravilles de ello; porque sobre el alto vigila otro más alto, y uno más alto está sobre ellos. Además, el provecho de la tierra es para todos; el rey mismo está sujeto a los campos. El que ama el dinero, no se saciará de dinero; y el que ama el mucho tener, no sacará fruto. También esto es vanidad. Cuando aumentan los bienes, también aumentan los que los consumen. ¿Qué bien, pues, tendrá su dueño, sino verlos con sus ojos? Dulce es el sueño del trabajador, coma mucho, coma poco; pero al rico no le deja dormir la abundancia" (Eclesiastés 5:8-12)

En esta anotación del diario veo por lo menos tres principios escritos entre líneas en esta anotación de diario de Salomón; y cada uno se relaciona directamente con el asunto del dinero. El primero tiene que ver con la *opresión*; el segundo hace referencia a la *insatisfacción*; y el tercero trata del conflicto de la *frustración*

La opresión

"Si opresión de pobres y perversión de derecho y de justicia vieres en la provincia, no te maravilles de ello; porque sobre el alto vigila otro más alto, y uno más alto está sobre ellos. Además, el provecho de la tierra es para todos; el rey mismo está sujeto a los campos" (vv. 8, 9).

El "proverbio" que descubro entre líneas en estos dos versículos es:

> Los ricos tienden a tomar el control, y su poder intimida y ofende a los pobres.

Este primer proverbio o principio tiene que ver con la influencia y el control de los ricos sobre los pobres. Las personas ricas, simplemente por el hecho de poseer dinero, tienen la tendencia a dominar territorio: ya sea éste una provincia, una nación o incluso un continente entero. Los ricos suelen ser los dirigentes. Con frecuencia ellos son los más instruidos e influyentes; y ya que se tratan con otros ricos, consiguen el control: control del dinero, de la tierra, del producto interior bruto, de la escena política... Por lo general se convierten en los legisladores, en los altos oficiales del gobierno, tanto a nivel estatal como nacional, en aquellos que establecen los trámites burocráticos y ponen en puestos oficiales a más funcionarios que "vigilan sobre otros", como dice Salomón.

Y poco a poco, la burocracia se hace tan abundante y compleja que el pobre ya no puede conseguir audiencia y ser escuchado por el rico; aquellos que tienen dinero tienden a tomar el control y los pobres se sienten intimidados.

Alguien sacó una escena del siglo I al escribir:

> La vista fugaz de ese panorama de funcionarios sugiere grandes posibilidades de evasión para confundir a los ciudadanos que exigen sus derechos, y los cuales pueden ser indefinidamente obstaculizados y desviados de su objetivo. En cuanto a la responsabilidad moral, resulta igualmente fácil de esquivar: cada funcionario puede culpar al sistema, mientras que las autoridades definitivas dominan a una distancia infinita a todas las personas que afectan.[2]

Aquellos que hemos servido a nuestro país en el ejército sonreímos comprensivamente al leer estas palabras. En mi unidad lo llamábamos "el sistema"; y con cuánta frecuencia reconocíamos: "Uno no puede vencer al sistema". Es posible llegar hasta un cierto punto y nada más, ya que sobre un oficial vigila otro oficial más alto... En las fuerzas armadas hay un nombre para el individuo que trata de vencer al sistema: "víctima". El problema principal es que entretejido en ese sistema fuertemente controlado se encuentran la irresponsabilidad y la insensibilidad. Desde luego no estoy defendiendo la anarquía; alguien tiene que ejercer control. Y se necesita cierto grado de "sistema". Pero mi preocupación —y también la de Salomón— es el poder intocable y a menudo corrupto que se origina cuando aquellos que tienen dinero consiguen un control absoluto.

¿Significa esto que nunca hay necesidad de ningún tipo de liderazgo? Lo repito: el liderazgo es algo esencial, y de hecho bíblico. Todavía hay necesidad de líderes, y algunos gobiernos aún abogan por la monarquía; pero los reyes ricos deben tener cuidado con el espíritu opresor, ya que el dinero es capaz de embotar los sentidos de un líder poderoso.

La insatisfacción

"El que ama el dinero, no se saciará de dinero; y el que ama el mucho tener, no sacará fruto. También esto es vanidad" (v. 10).

Salomón conocía este tema como pocos. Cuando dice "no se saciará", sin duda lo hace con conocimiento de causa. El segundo proverbio nos permite una vista momentánea personal de aquellos que llegan a estar verdaderamente locos por el dinero.

La avaricia y el materialismo no tienen salvaguardias ni límites satisfactorios incorporados

Antes de decir nada más por mi parte, observe que la palabra que emplea Salomón es *ama* y no *posee*. No se trata de un ataque contra los que tienen riquezas; la Escritura nunca los ataca por ese solo hecho. Sin embargo, sí constituye un asalto frontal contra el amor al dinero. Es un ataque a la avaricia, una embestida abierta contra el materialismo que siempre quiere más y más. ¿Se ha dado cuenta usted de cómo describe el rey a ese individuo avaro y codicioso? Dice que está vacío: "También esto es vanidad."

El ávido de dinero nunca tiene bastante; la persona que ama las riquezas jamás llegará al nivel de la satisfacción personal; quien ansía la abundancia que trae ese tipo de ingresos nunca conocerá el día en que pueda recostarse, sonreír satisfecho y suspirar: "¡Esto es suficiente, no necesito más!"

¿Verdad que resulta asombroso? El dinero puede comprarnos toneladas de comodidad, pero ni un gramo de contentamiento. Las ganancias, los dividendos, las inversiones, los intereses y los beneficios producidos por el capital lo único que hacen es abrirnos el apetito de más; como ese individuo patético que echa una moneda tras otra en al máquina tragamonedas y no se conforma aunque suenen el timbre y los pitos y le caigan en las rodillas miles de monedas haciéndolo rico al instante. Esas monedas acaban otra vez en la máquina para pasar por ella de nuevo. El jugador nunca tiene bastante. Cuando nos vemos en dificultades económicas pensamos de otra manera; nos decimos: "Yo estaría satisfecho con que. . ." Pero no es así. "¿Cuánto necesitamos para estar satisfechos?", preguntó un

Unas palabras dirigidas al loco por el dinero / 177

sabio. Y el otro contestó: "¡Sólo un poquito más de lo que tenemos!"
Al materialista le sucede lo mismo que al jugador; eso es lo que nos dice el versículo 10. La persona que tiene amoríos con el dinero es adicta a él, y nunca jamás poseerá suficiente.

La frustración

"Cuando aumentan los bienes, también aumentan los que los consumen. ¿Qué bien, pues, tendrá su dueño, sino verlos con sus ojos? Dulce es el sueño del trabajador, coma mucho, coma poco; pero al rico no le deja dormir la abundancia" (vv. 11, 12).

¡Qué descriptivo! ¡Y cuántas veces lo hemos visto ocurrir!, especialmente cuando la riqueza le ha llegado a alguien que procede del límite de la pobreza.

Estoy pensando en uno de esos boxeadores de la categoría de los pesos pesados que emerge de algún ghetto a la luz pública. Por su capacidad para dejar K.O., a determinado individuo, el joven llega a ser "campeón mundial", y su gran sonrisa sin dientes cubre las portadas de todas las revistas. La siguiente ocasión en que usted ve a ese éxito repentino es rodeado de gente, conduciendo un automóvil carísimo con cuatro guardaespaldas —algo que siempre me sorprende— y una casa llena de personas que varios meses antes apenas conocían su nombre y que ahora están en su planilla de pagos. Todo va bien hasta que le toca caer *a él*.

Pienso en Elvis Presley, un simple joven de Memphis, muy pobre, que se hizo rico de repente con la guitarra colgada al hombro, y que no mucho después tenía viviendo a sus expensas a más gente de la que conocía por nombre; eran de esos que, como escribe Salomón, "consumen los bienes".

Y esto nos lleva al tercer proverbio:

Con el aumento del dinero y de las posesiones viene un número rápidamente creciente de personas y preocupaciones.

La conclusión lógica de este proverbio podría expresarse con el siguiente axioma: A más dinero, más gente; a más gente, más preocupaciones; a más preocupaciones, menos sueño. "Dulce es el sueño del trabajador, coma mucho, coma poco; pero al rico no le deja dormir la abundancia" (v. 12).

¡Qué cierto es esto! Piense por ejemplo en un individuo que se pasa el día soldando; marca entrada a su trabajo a las siete de la mañana, y vuelve a hacerlo al salir de la misma cuando llegan las tres y media. ¡Qué plan de acción tan sencillo! Luego vuelve a casa en su furgoneta y se lleva a su hijo al campo de fútbol donde ambos se entrenan; de hecho quizá sea uno de esos que ayudan a preparar a algún equipo juvenil del vecindario. El hombre lo pasa de maravilla; no es más que un "trabajador" industrioso, amante de la diversión, y despreocupado. Cuando termina el partido, vuelve de nuevo al hogar, cena y ve la televisión hasta el final del último telediario; a continuación se mete en la cama, y sesenta segundos después puede oírsele roncar.

Este estilo de vida conlleva poca ansiedad. No hay mucha gente con la que discutir; basta con ponerse la misma máscara de siempre y soldar ocho horas diarias, quizás cinco o seis días por semana. Está libre de esas decisiones importantes que a otros les quitan el sueño. Pero ¿y el rico? Volvemos a ese tercer proverbio: el rico tiene la cabeza llena de problemas. Como lo expresó aquel sabio y rico monarca: "Pero al rico no le deja dormir la abundancia."

No me diga que Salomón no es práctico. Ciertamente no se trata de un problema de falta de algo: el rico tiene *más que suficiente*. ¿Qué falta entonces? Paz interior, una mente relajada. El no tiene gente que lo ame por sí mismo, y siempre está absorto en sus empresas que implican enredos económicos; problemas que no desaparecen al abandonar la oficina, muy entrada la noche trata de ahogarlos en el bar. Cuando por fin cae en la cama alrededor de las dos de la madrugada, se agita y da vueltas mientras piensa: "¿Valdrá la pena ese negocio? ¿Qué pasará si no me alcanza el dinero? ¿Se aprovechará él de mí? ¿Corro un riesgo demasiado grande?" Y sigue dando vueltas y vueltas en la cama.

En Proverbios 19 Salomón repite lo mismo con otras palabras: "Las riquezas traen muchos amigos; Mas el pobre es apartado de su amigo. El testigo falso no quedará sin castigo. Y el que habla mentiras no escapará. Muchos buscan el favor del generoso, y cada uno es amigo del hombre que da. Todos los hermanos del pobre le aborrecen; ¡Cuánto más sus amigos se alejarán de él! Buscará la palabra, y no la hallará" (vv. 4—7).

¿Por qué? Porque buscan a alguien adinerado. La gente se junta con aquellos que están "llenos" de dinero; o como cierto individuo lo describe con no poca brusquedad:

> Cuando las posesiones de un hombre se acrecientan, parece que haya un aumento correspondiente del número de parásitos que viven de él: asesores de gestión, consejeros tributarios, contadores, abogados, empleados de hogar y parientes gorrones.[3]

Hace algún tiempo encontré una declaración muy interesante escrita por el profeta Isaías. No creo que la hubiera visto nunca antes. El personaje principal es un rey llamado Eliaquim, hijo de Hilcías. Jehová Dios le había dado un ascenso, y contemplé con cuánta fuerza describe el profeta la promoción del rey: "Y lo hincaré como clavo en lugar firme; y será por asiento de honra a la casa de su padre" (Isaías 22:23).

La vívida descripción de un clavo firmemente hincado presenta a Eliaquim como afianzado en el trono con solidez. Ahora, piense por un momento en un clavo puesto en la pared de la cocina. "Colgarán de él toda la honra de la casa de su padre, los hijos y los nietos, todos los vasos menores, desde las tazas hasta toda clase de jarros" (v. 24).

¿Verdad que es descriptivo? Todos los trastos de la cocina acabarán colgados del clavo hincado en la pared. Examine ahora el siguiente versículo: "En aquel día, dice Jehová de los ejércitos, el clavo hincado en lugar firme será quitado; será quebrado y caerá, y la carga que sobre él se puso se echará a perder; porque Jehová habló" (v. 25).

¡Qué advertencia tan pertinente para el loco por el dinero! En efecto, Dios le dice al rico: "Eres hincado en la pared como un clavo; te vuelves importante para un séquito de personas, y poco después todas ellas cuelgan de ti, tiran de ti, te pesan en gran manera. . . y la comida que tomas ya no te satisface como antes, ni la cama en que te acuestas te proporciona descanso; el estímulo de tener una familia, que en otro tiempo era tu deleite, ya no entra en el campo de tus intereses; y, por último, en ese doloroso y terrible momento, ¡Crac!, el clavo se rompe."

Si pudiera interpretar las palabras pronunciadas por la reina de Sabá, diría que "la mitad" que no se le contó fue la referente al lado oscuro de las riquezas. Visto desde afuera nos impresiona el mundo maravilloso de la opulencia de Salomón; pero eso es sólo la *mitad* de la historia. La otra mitad no es contemplada generalmente por el público, y está compuesta por la falta de contentamiento, la frustración y la pesadilla terriblemente solitaria de una vida que hace al codicioso tratar de asir cada vez más. Pero antes o después el clavo se rompe.

Volviendo al diario, al relato honrado que hace ése hombre de la vida, tal cual es, vemos a un individuo que cada vez tiene más dinero y mayores posesiones, y que al mismo tiempo tiene más ansiedades que nunca y más gente que vive de su salario de lo que jamás hubiera creído posible tener, y que es incapaz de disfrutar siquiera de una noche de sueño reparador.

¡Pero, un momento! Estas no son las palabras de algún joven educador que espera investigar y escribir un éxito de librería. No, se trata de un rey inteligente y rico, de edad madura, que sabe de lo que habla y lo relata aquí delante de nosotros, en su diario. El escritor admite en nuestra presencia lo que nadie pudo decirle a la reina de Sabá: la otra mitad. En realidad llama a la siguiente serie de acontecimientos que tuvo que soportar, a los que llamó "males dolorosos".

"MALES DOLOROSOS" QUE DEBEMOS RECORDAR

El primer "mal" que pueden traer las riquezas es que: *Aquellos que han empuñado la codicia, pueden estrellarse rápidamente.* "Hay un mal doloroso que he visto debajo del sol: las riquezas guardadas por sus dueños para su mal; las cuales se pierden en malas ocupaciones, y a los hijos que engendraron, nada les queda en la mano. Como salió del vientre de su madre, desnudo, así vuelve, yéndose tal como vino; y nada tiene de su trabajo para llevar en su mano" (Eclesiastés 5:13–15).

De los muchos funerales que he celebrado, nunca ha habido ninguno en el que el ataúd estuviera ocupado por alguien que tuviera algo en su mano; y ninguno de los trajes que envolvían aquellos cuerpos tenía necesidad de bolsillos "No nos llevamos nada a la tumba."

Salomón nos obliga a plantearnos ese momento que todos tratamos de eludir —el de la muerte—, y retrocediendo tres espacios observa el lugar del accidente y dice: "Este es el mal doloroso: Los que no quieren soltar la codicia corren el riesgo de estrellarse rápidamente." O dicho de otra manera: "Aquellos que se asieron fuertemente de lo material y ascendieron a la cumbre, por último tendrán que aflojar su presa y caer hasta el fondo."
¿Puede usted imaginarse la escena? Yo me figuro a un hombre que amasó cuanto tenía para luego perderlo en una mala inversión. Veo asimismo a otro que lucha y consigue abrirse paso hasta la cima, y que al caer el mercado de valores acaba con su vida. ¿Y qué me dice del individuo que se gasta a sí mismo en la búsqueda de alguna meta financiera y la muerte le sobreviene de repente a causa de un ataque de corazón? Eso sucede todos los días, y en palabras de Salomón es "laborar para el viento". El individuo se va de esta vida exactamente igual que vino: desnudo y sin diez centavos que le pertenezcan.

Alguna vez tenemos la oportunidad de estar en presencia de alguna persona opulenta y elegante que todo lo que hace es de primera categoría: y digo *todo*. Ni una piedra se queda sin remover, ni un detalle sin tratar. La suya es una casa a las mil maravillas. Días después todavía usted recordará el aroma suculento de la estupenda comida que le sirvieron. Se trata de un lugar realmente fantástico: con un suelo precioso, muebles exquisitos y quién sabe cuántos automóviles en el garaje. Es algo verdaderamente espléndido; como suele decirse: "lo último de la moda".

Un sitio así es el que se describe en Proverbios 23; y Salomón nos da ciertos consejos a poner en práctica cuando cenemos allí: "Cuando te sientes a comer con algún señor, considera bien lo que está delante de ti, y pon cuchillo a tu garganta, si tienes gran apetito" (vv. 1, 2).

Se trata de una dieta que funciona, plenamente garantizada; usted no aumentará ni un gramo de peso si sigue *ese* método. Pero Salomón no está pensando en un cuchillo y una garganta literales; su expresión es simbólica. Lo que dice el monarca es: "Contrólate; no caigas en la trampa de codiciar todo lo que ves. No desees sus exquisiteces, porque son comida engañosa; quizá no sabes que con ellas vienen enredos, que existen tentáculos que jamás están expuestos a la vista.

Y a continuación hace una advertencia: "No te afanes por hacerte rico; sé prudente, y desiste. ¿Has de poner tus ojos en las riquezas, siendo ningunas? Porque se harán alas como alas de águila, y volarán al cielo" (vv. 4, 5).

En la parte de atrás de los billetes de un dólar puede verse la imagen de un águila con las alas extendidas. Hace poco, cuando reparé en ello me dije: "¡Qué apropiado! Absolutamente perfecto. De hecho, es *bíblico*." Ese billete de un dólar volará enseguida de mi cartera, y lo mismo sucederá con el siguiente y con los cien y los mil que vengan después. Salomón nos explica por qué: Se hacen "alas". Nadie ha podido comprar jamás la seguridad: "[Las riquezas] se harán alas. . . y volarán al cielo." Esto es precisamente lo que Salomón trata de decirnos en su diario.

El hombre que poseía mucho hizo una mala inversión; y aunque tenía una familia, no le quedó nada para mantenerse o mantenerla. Constituye un mal doloroso que aquellos que no quieren quitar el pie de embrague de la codicia corran el riesgo de estrellarse rápidamente.

En Eclesiastés 5:16 Salomón menciona otro "mal doloroso": "Que como [el hombre] vino, así haya de volver" (corchetes del autor).

En otras palabras: *Los que viven bien a menudo mueren mal.* Salomón sabe cómo hacernos volver vez tras vez a la tumba en el consejo que nos da "debajo del sol"; luego sigue mostrándonos cuán breve es la vida en realidad: "Además de esto, todos los días de su vida comerá en tinieblas, con mucho afán y dolor y miseria" (v. 17).

Algunas veces viene a mi mente con elocuencia lo cerca que está en verdad la muerte. No hace mucho, una mañana muy nublada, me encontraba subiendo un cerro a paso gimnástico antes de que amaneciera, y pasé al lado de un cementerio local que está rodeado de una valla metálica. He corrido cerca de ese camposanto docenas de veces, y por tanto mi mente se hallaba a cientos de kilómetros de distancia mientras mi cuerpo se afanaba por subir la cuesta.

Aparentemente el guardián del cementerio había llegado temprano aquella mañana y estaba observando cómo me acercaba a través de la valla, escondido en la niebla de la madrugada. Cuando iba justo a pasar por su lado, su voz retumbó desde la niebla: "*¡Buenos días! ¿Cómo está usted hoy?*" Asustado, ¡creyendo que las tumbas se habían abierto y Dios me estaba dando la bienvenida! me desvié hasta el centro de la carretera. Más tarde, mientras trataba de poner de nuevo mi corazón en su lugar me dije: "Esa es una buena pregunta para hacerse cuando uno corre cuesta arriba y pasa por delante de un cementerio: ¿Cómo se encuentra usted *hoy*?"

Hay muchos que en otro tiempo corrieron deprisa, vivieron deprisa, ganaron mucho dinero y lo gastaron deprisa, y que también cayeron terriblemente deprisa y mueren mal. Este es el retrato de una persona que hemos visto presentar página tras página en el penetrante diario de Salomón: el materialista intocable, triunfador y vividor, que pasó su vida en la opulencia terrena. ¿Y para qué? Salomón nos lo dice francamente: para llegar a un vacío insatisfactorio y trágico callejón sin salida llamado muerte.

Me viene a la memoria el siguiente ejemplo clásico:

> Era el misterio supremo del mundo: tan reservado, aislado, enigmático, que durante más de quince años nadie pudo decir con seguridad si estaba vivo o no, y menos aun el aspecto que tenía o cómo se conducía.
>
> Howard Hughes fue uno de los hombres más ricos del mundo y tuvo en su mano el destino de millares de personas, tal vez incluso de gobiernos; sin embargo, vivió una vida sombría, triste y medio lunática.
>
> Sus postreros años los pasó huyendo de un hotel de veraneo a otro (Las Vegas, Nicaragua, Acapulco...) y su aspecto físico se hizo cada vez más extraño. Su barba rala le colgaba hasta la cintura, y sus cabellos le llegaban hasta la mitad de la espalda. Unas uñas de las manos medían cinco centímetros de longitud, y las de los pies hacía tanto que no se las había recortado que parecían sacacorchos.
>
> Durante trece años Hughes estuvo casado con Jean Peters, una de las mujeres más hermosas del mundo; pero en todo ese tiempo jamás se los vio aparecer en público juntos, y no hay constancia de que se fotografiaran juntos. Durante una época ocuparon dos casitas separadas en el Hotel Beverly Hills (pagando ciento setenta y cinco dólares diarios), y más tarde ella vivió en una opulenta y bien vigilada mansión en una colina de Bel Air, desde donde hacía viajes en secreto y cada vez menos

frecuentes para estar con su esposo en Las Vegas. En 1970 se divorciaron.

Hughes decía a menudo: "Si todo hombre no tuviera su precio un tipo como yo no podría existir." Pero ninguna cantidad de dinero fue capaz de comprarle el aprecio de sus asociados; la mayoría de aquellos que trabajaron para él y que han roto el silencio explican la repugnancia que les inspiraba.[4]

Y yo le pregunto a usted: ¿Hay un ejemplo más vivo que éste de la veracidad de las palabras de Salomón?

BUENOS DONES QUE RECLAMAR

Me alegro de poder decir, sin embargo, que no todo es oscuridad y sombras. Antes de concluir su pensamiento, el opulento rey sonríe al mencionar tres dones de incalculable valor que él considera buenos. ¡Necesitamos algunas noticias de ese tipo!; dones tan valiosos que el dinero no los pueda comprar. "He aquí, pues, el bien que yo he visto: que lo bueno es comer y beber, y gozar uno del bien de todo su trabajo con que se fatiga debajo del sol, todos los días de su vida que Dios le ha dado; porque esta es su parte. Asimismo, a todo hombre a quien Dios da riquezas y bienes, y le da también facultad para que coma de ellas, y tome su parte, y goce de su trabajo, esto es don de Dios. Porque no se acordará mucho de los días de su vida; pues Dios le llenará de alegría el corazón" (vv. 18–20).

Reclame el don del gozo en su vida. El gozo es un don de Dios. Salomón nos anima para que al comer y beber —es decir, mientras pasamos nuestra vida— nos gocemos. O dicho de otro modo: rehuse caer en la trampa de la avaricia. Niéguese a apegarse al símbolo del dólar; no se ponga como prioridad más alta el ganar más y más por el mero hecho de hacerlo.

Salomón dice: "Este es el bien, y Dios nos lo ha dado como recompensa. ¡Disfruta de la vida! ¡Ríe más! ¡Deléitate en las cosas sencillas! ¡Vuelve a las cosas que te traían felicidad cuando eras niño y recupéralas." ¡Cuán desesperadamente necesitamos esos recordatorios!

Reclame el don de la satisfacción en su trabajo. Siéntase satisfecho con su vida y con su trabajo; no siempre es verdad que a la vuelta de la esquina hay un empleo mejor. Invierta más en la dimensión vertical de la vida, y menos en la horizontal.

Unas palabras dirigidas al loco por el dinero / 185

Emplee sus riquezas en la obra de Dios. Invierta su tiempo para la gloria del Señor. Dé con generosidad; de esa forma descubrirá el regocijo en su labor que produce una nueva dimensión. *Reclame el don del contentamiento en su corazón.* Gozo en su vida, satisfacción en su trabajo y contentamiento en su corazón ¡qué magnífica mezcla!

Resulta que usted es soltero, lo cual no había previsto, ¿qué puede hacer? Descubra maneras de tener contentamiento. Usted se está haciendo mayor y se halla más solo de lo que jamás pensó estaría... ¿y qué? Busque formas de lograr contentamiento. Dios está aquí, y le ofrece el contentamiento como un don; El tiene maneras de hacerle descubrir contentamiento aun en los años del ocaso de su vida.

En otro tiempo usted estaba en el centro de la acción; ahora sin embargo lo han arrinconado. Jamás pensó que le harían tal cosa. Pero aun así hay posibilidad de contentamiento. Usted se halla en la sombra cuando antes no lo estuvo; también en esa situación le dará Dios contentamiento.

¿Recuerda usted las palabras de la reina de Sabá? "Ni aun se me dijo la mitad." He aquí la otra mitad; Salomón nos cuenta lo que nadie le explicó a la reina. Ya sé que al expresar que no le habían dicho ni la mitad ella hablaba del aspecto físico del reino de Salomón; pero filosóficamente todos sabemos que Salomón reservó la mejor parte para nosotros en su diario. Los males dolorosos, las advertencias, los principios proverbiales y esas conclusiones maravillosas, no tienen precio.

Si Salomón viviera hoy día, sospecho que admitiría: "Tal vez les parezca próspero y seguro, pero ustedes no saben la otra mitad. Quizá dé la impresión de alguien satisfecho y feliz, sin embargo no les han contado más que una mitad del asunto. Probablemente mis posesiones hagan pensar a la gente que no me falta nada, y muchos tal vez crean que tengo toda la seguridad económica que cualquiera desea, pero los que así piensan no conocen la otra mitad."

Este capítulo comenzó con el verdadero relato de una visita inesperada que cierta reina hizo a un rey; y me gustaría terminarlo con otra imaginaria que yo le hago a *usted*.

Por el aspecto de las cosas usted parece alguien bastante impresionante: tiene una casa bonita y supongo que sus vecinos estarán de acuerdo en calificarlo de trabajador industrioso que sube hacia el éxito, ¿no? Comprendo que usted no está "forrado de dinero", pero, reconózcalo, en su familia nadie pasa hambre. Lejos de ello: usted tiene un trabajo bastante seguro, y va camino de ganar más dinero del que nunca ha ganado. Sin embargo, permítame: ¿quisiera saber acerca de la "otra mitad"? Todas esas cosas que he mencionado son externas —físicas y materiales—; pero lo que me interesa saber es cómo va todo interiormente.

Usted parece próspero y seguro; sin embargo, eso no es más que la mitad ¿verdad? Usted se pregunta adónde lo conduce todo esto. Este impulso desasosegado por obtener más, y el deseo que siente de calma y de contentamiento tranquilo, parecen polos opuestos, ¡y lo son! En lo hondo de su ser nada sonríe.

Usted tiene un buen sueldo, y sus posesiones van en aumento pero repito: esto no supone sino la mitad. Lo cierto es que interiormente usted está vacío y finge en lo exterior. Nada de lo que posee en todo su "reino" le ha comprado la felicidad que anhela, y usted está pensando: "Tal vez si pudiera conseguir ese mejor trabajo." O quizá: "Si lograra esa casa más grande." Pero no deje que la cortina de humo de la prosperidad económica lo ciegue en cuanto a la verdad: ser rico es mucho más que ganar una mayor cantidad de dinero. El romano Séneca tenía razón: "El dinero todavía no ha hecho a nadie rico." ¿Quiere usted riquezas? Entonces escuche a Cristo: "Mas buscad primeramente el reino de Dios y su justicia, y todas estas cosas os serán añadidas" (Mateo 6:33).

Si quiere las *verdaderas* riquezas pruebe a cambiar de reino.

12

LOS CORTOS AÑOS DE UNA VIDA INUTIL

Hay un gravísimo mal que he visto en todas partes: a unos Dios les ha dado a unos inmensa riqueza y honra. . . pero no les ha dado salud para disfrutarla, mueren, y otros se apoderan de todo. Esto es absurdo.
 Si un hombre tiene cien hijos y otras tantas hijas y vive muchos años y muere muy anciano, pero al morir deja tan poco dinero que no le alcanza a sus hijos ni para enterrarlo decentemente, yo digo que a ese hombre mejor le hubiera sido haber nacido muerto. Porque aunque el suyo hubiese sido un nacimiento frustrado cuyo fin fuera la oscuridad, y ni siquiera hubiese tenido nombre, sin haber visto jamás el sol o saber siquiera de su existencia, aun eso fuera mejor. . . Si un hombre vive mil años y hasta el doble, y no halla el contentamiento, ¿de qué le sirve?
 Entre más palabras, menos claridad entonces, ¿para qué molestarse en hablar?

—Paráfrasis de Eclesiastés, por el autor

Dimitri Vail es un artista, un pintor de retratos. Si a usted le gusta el realismo en la pintura disfrutará de las obras de Vail; son tan fieles a la realidad que a primera vista uno se pregunta si está contemplando una fotografía.

Durante muchos años los cuadros de Dimitri Vail han estado expuestos en una galería de pintura en Dallas, Texas, y he disfrutado paseándome por esos corredores y observando los retratos llenos de colorido allí expuestos; es como visitar un elenco compuesto exclusivamente por las primeras estrellas del espectáculo y celebridades del país. Los cuadros de Vail incluyen los conocidos rostros de los astros cinematográficos, de las personalidades de la pantalla pequeña, atletas excepcionales, políticos y estadistas influyentes, escritores famosos que han sido galardonados, educadores, científicos, astronautas y otros profesionales del campo de los negocios, el derecho, la medicina y las artes. No es exagerado decir que la obra artística de Dimitri Vail forma un imponente "Quién es quién" sobre lienzo.

Hace varios años, mientras contemplaba su obra, me detuve ante un cuadro poco común: no sólo el rostro era desconocido, sino que tampoco había nombre en la pequeña placa de latón situada en la base del marco como en todos los demás retratos.

Intrigado le pregunté a la guía si podía identificar al hombre del cuadro, y ella sonrió y me dijo:

Es algo que me preguntan a menudo, y la gente siempre se sorprende al saber que se trata de un autorretrato del artista, del propio señor Vail.

En una breve charla, le comenté que yo también estaba sorprendido. Ya que jamás había visto al pintor, me imagino que esperaba que fuese tan colorido como sus obras. Pareciera que alguien *tan* dotado tendría que tener un aspecto más bien interesante, incluso tal vez con cierto aire de elegancia.

—¡Oh, en absoluto! —respondió ella—. La verdad es que su apariencia es exactamente la del cuadro... casi podría tratarse de una fotografía ampliada.

REPASO DE ALGUNOS RETRATOS CONOCIDOS

El diario de Salomón se parece bastante a aquella galería. Aunque el monarca utilice papel y pluma en vez de pinceles y lienzos, pinta unos cuadros realistas que sus lectores pueden identificar fácilmente. Como ya hemos visto, sus retratos escritos incluyen:

- al filósofo serio sumido en la confusión y el aburrimiento;
- al payaso de cara divertida que nos hace reír;
- al don Juan hedonista que no tiene inhibiciones;
- al gran vividor;
- al trabajador industrioso que espera encontrar satisfacción en su trabajo;
- al adorador entregado que intenta entrar en contacto con Dios;
- al soldador que trabaja sin demasiada ansiedad, pero no exento de luchas;
- al empresario que lo pierde todo en malas inversiones, y

que se agita en la cama toda la noche;
- y a la persona "podrida en dinero" que busca encontrar satisfacción en las posesiones.

¡Qué cuadros tan realistas! Con las vívidas "pinceladas" de su pluma, Salomón ha pintado personajes de la vida real, ninguno de los cuales está libre de frustraciones. Las caras y los marcos pueden diferir unos de otros; pero el fondo del asunto es esa misma "vanidad", "futilidad", ese mismo "perseguir el viento" deprimente.

LA AMPLIACION DE UN SOLO RETRATO

Al considerar la siguiente sección del diario del monarca, nos encontramos con un solo retrato pintado en tonos oscuros, grises, azules y negros; y cuanto más de cerca estudiamos el cuadro, tanto más evidente se hace que hemos llegado a un autorretrato del turbado rey. Salomón no pone realmente su nombre en ese cuadro; pero resulta obvio que tenemos delante al propio artista.

La situación

"Hay un mal que he visto debajo del cielo, y muy común entre los hombres: El del hombre a quien Dios da riquezas y bienes y honra, y nada le falta de todo lo que su alma desea; pero Dios no le da la facultad de disfrutar de ello, sino que lo disfrutan los extraños. Esto es vanidad, y mal doloroso" (Eclesiastés 6:1, 2).

La paradójica situación que se describe aquí es corriente entre la gente de dinero. Hoy día diríamos que se trata de una persona a la que "no le falta nada": Dios le ha dado riquezas y bienes, honra e influencia, junto con cualquier otra cosa que pueda desear su alma. Sin embargo, a pesar de los deleites envidiables, el hombre se ve impedido de disfrutar de tales ventajas; así volvemos al tema dominante del libro: "Esto es vanidad."

Resulta interesante notar que esa misma "lista" de ventajas aparece en el antiguo libro de 2 Crónicas refiriéndose a Salomón: "Y dijo Dios a Salomón: Por cuanto hubo esto en tu corazón, y no pediste riquezas, bienes o gloria, ni la vida de los que te quieren mal, ni pediste muchos días, sino que has pedido para ti sabiduría y ciencia para gobernar a mi pueblo, sobre el cual te he puesto por rey, sabiduría y ciencia te son dadas; y también te daré riquezas, bienes y gloria, como nunca tuvieron los reyes que han sido antes de ti, ni tendrán los que vengan después de ti" (2 Crónicas 1:11, 12).

Es como si Dios dijera a su siervo: "Además de concederte tu desinteresada petición, añadiré riquezas, bienes y honra; ¡lo que tu alma desee, es tuyo!"

Esa es la razón por la cual la descripción que aparece en las primeras líneas de esta sección del diario constituye probablemente un autorretrato de Salomón. No olvide, sin embargo, que el mismo Dios que le dio a Salomón aquellas cosas no le concedió la "facultad de disfrutar" de ellas; en otras palabras, que Dios no le proporcionó la satisfacción ni el gozo de las ventajas que constituían esas riquezas, bienes y honra. Salomón tenía honorables y envidiables privilegios, pero no se le permitió extraer de ellos el placer que pueden proporcionar.

Ahora bien, esta es una trágica situación; el cínico moderno diría que constituye una "cruel ironía" o un "giro injusto" de parte de Dios el dar a alguien esas cosas y al mismo tiempo quitarle el gozo que ellas pueden producirle.

Cuando tales situaciones ocurren, nos hacen evaluar a Dios; ¿se da cuenta de cómo termina el versículo? "Lo disfrutan los extraños." La razón por la que ese hombre no puede disfrutar de sus privilegios es porque algún extraño ha entrado y le ha robado el gozo que produce.

Esos extraños no han sido identificados: uno de ellos podría ser un *adversario*, algún enemigo personal que le causaba pesar al rey, tal vez socavando su liderazgo; antes Salomón tenía riquezas, bienes y honra, ahora no sabe más que esconderse y experimenta otras graves consecuencias.

Otro extraño podría ser una *enfermedad*. Anteriormente, Salomón disfrutaba de buena salud; pero ahora ese "extraño" había atacado su cuerpo y el rey no podía seguir gozando de los deleites de las riquezas, los bienes y la honra; todos conocemos ejemplos de esto.

Tal vez se tratara de *conflictos domésticos*. No hay nada como un problema en casa para quitarle a uno la alegría de vivir;

cuando entra ese "extraño", sale el gozo.
 También podría ser una *calamidad natural*. En muchos lugares a veces hay terremotos, aludes o incendios que arrasan grandes cañones. En otros sitios luchan con las inundaciones, los tornados, los huracanes y las ventiscas de nieve. El "extraño" puede ser un desastre natural, una calamidad.
 La presencia de esos "extraños" hace a menudo que la gente piense: "¿A qué clase de Dios estoy sirviendo?" Y algunos llegan a conclusiones bastante extremas. El rabino Harold Kushner en su conocido libro "Cuando las cosas malas le pasan a la gente buena. . .", escribe:

> La vida no es justa. La gente que no lo merece se enferma, es asaltada, o muere en guerras y accidentes. Algunas personas ven las injusticias de la vida y deciden: "Dios no existe; el mundo no es más que caos."[1]

 ¿Ve usted cómo el "extraño" hace que la gente evalúe a Dios? Aquellos que sufren un impacto más fuerte, dicen tal vez: "No hay Dios; todo es caos." Kushner, por su parte, llega a sus propias conclusiones, y poco después escribe: "¿Es usted capaz de perdonar y amar a Dios aun cuando haya descubierto que El no es perfecto?"[2]
 La primera vez que leí eso se me hizo un nudo en la garganta; ya que jamás había pensado en perdonar y amar a un Dios imperfecto. Es ahí donde discrepo del rabino: ese buen hombre ha tratado el tema del Dios vivo desde la óptica de un padre que sufre —fue la muerte de su propio hijo lo que impulsó a Kushner a escribir ese libro—, y es debido a esa perspectiva que llega a ciertas conclusiones acerca de Dios y hace preguntas como:

> Aun cuando Dios no haya cumplido con usted, y lo haya decepcionado permitiendo el dolor la enfermedad y la crueldad en el mundo que hizo, y dejando que algunas de esas cosas le sucedieran a usted, ¿puede aprender a amarlo y a perdonarlo a pesar de las limitaciones que manifiesta?[3]

 Pero cuando leemos palabras así, chasqueamos la lengua y decimos: "¡Madre mía, qué blasfemia! La gente jamás debería pensar cosas semejantes. . . ." Pero las piensan.
 Los "extraños" nos juegan malas pasadas; como también las guerras, los campos de concentración, las enfermedades mor-

tales y las tragedias naturales. Todo esto nos roba las esperanzas y acaba con los sueños que tenemos; e incluso nos hace mirar directamente al cielo y replantearnos las cosas, ¿no es cierto?

Esta es la perspectiva de Salomón, y él califica el asunto de "mal doloroso". Al escribir este antiguo diario, el monarca ha sido tan franco, tan terriblemente sincero en su evaluación de la vida, que algunos ponen en tela de juicio que el libro pertenezca siquiera a la Biblia. Se trata de un hombre con un enfoque cínico que se pinta a sí mismo con colores poco atractivos, en tonos parduscos, como el oscuro autorretrato de Dimitri Vail.

Algunos detalles útiles

Para hacer aceptable este despliegue abusivo de poder, para sobrevivir a él, Salomón sugiere que añadamos algunas cosas que aporten color o matiz al retrato, y empieza por agregar *muchos hijos*. Tal vez tener más hijos haría la vida más satisfactoria. "Aunque el hombre engendre cien hijos, y viviere muchos años, y los días de su edad fueren numerosos; si su alma no se sació del bien, y también careció de sepultura, yo digo que un abortivo es mejor que él" (6:3).

El caso es que tener muchísimos hijos no libera nuestra vida de la depresión. ¡Al contrario! Verse con toda una familia a la cual hay que atender y cuidar, con la que tenemos que tratar y relacionarnos, a la que debemos amar, disciplinar, afirmar, preparar para la vida y dejar en libertad, trae responsabilidades mayores y a menudo la ingratitud.

Nosotros no vivimos bajo la ilusión de que nuestros problemas se resuelven teniendo muchos hijos. Salomón diría: "Y para colmo, ése hombre se muere y ni siquiera se le concede un entierro como es debido." Por tanto añade que un abortivo es mejor que él. "Porque éste en vano viene, y a las tinieblas va, y con tinieblas su nombre es cubierto. Además no ha visto el sol, ni lo ha conocido; más reposo tiene éste que aquél" (vv. 4, 5).

El que no ha nacido no tiene obligaciones que cumplir. Ese bebé diminuto, ahora muerto, no tiene problemas, ni siquiera un nombre que llevar. Esa pequeña vida ya no es una vida, es colocado en un ataúd pequeñísimo, y enterrado en una tumba, y desaparece ("con tinieblas su nombre es cubierto").

Bueno, ya que el tener más hijos no es la respuesta a la frustración, algunos dirían que necesitamos vivir *más años*; tal vez la solución sea una vida más larga. Salomón añade este detalle en la siguiente afirmación: "Porque si aquél viviere mil años dos veces, sin gustar del bien, ¿no van todos al mismo lugar?" [acaban en la tumba] (v. 6) (corchetes del autor).

Si su vida se caracteriza por el dolor, las dificultades, la calamidad y la tragedia, ¿qué bien le hace añadir a ella mil años más? Lo único que sucede es que le añade también mil pesares adicionales. Yo he observado que la gente que vive de esa manera quieren que su existencia sea más corta y no más largas; desean salir de este lío pronto.

Entonces, quizás lo que necesitamos añadir sea un *trabajo intenso*; tal vez el problema de la persona resida en que tiene demasiado tiempo libre. "Todo el trabajo del hombre es para su boca, y con todo eso su deseo no se sacia" (v. 7).

La palabra hebrea vertida "deseo" es *nephesh*; un término que en otros pasajes del Antiguo Testamento a menudo se traduce por "alma". El alma no se sacia; el trabajo no da satisfacción a una vida vacía. El trabajo intenso no alivia la depresión si hay conflictos que alimentan el alma con desaliento.

Ya que ninguna de esas cosas es de ayuda, quizás debiéramos añadir una *mente brillante, sabiduría, buena instrucción*. "Porque ¿qué más tiene el sabio que el necio? ¿Qué más tiene el pobre que supo caminar entre los vivos?" (v. 8)

Esta declaración parece sugerir que incluso si la vida de un hombre pobre está marcada por la gracia y el carisma personal, no se halla en mejores condiciones que otro que es inteligente, sabio y bien instruido pero insatisfecho con su existencia. Salomón da la impresión de estar gritandose: "¡Deja de soñar! No pienses más que puedes añadir algunos detalles para dar color a una vida que es sombría. ¿Muchos hijos? ¿A quién quieres engañar? ¿Muchas esposas? ¿Más años? ¿Más horas? ¿Mejor instrucción? ¿Una mente más brillante? ¡No! ¡Mil veces no! ¡No dará resultado!"

Personalmente aprecio el candor de Salomón cuando dice: "Más vale vista de ojos que deseo que pasa" (v. 9). Lo que quiere dar a entender es: "Acepta la realidad. Lo que ves —lo que tus ojos perciben— es mejor que todos los sueños que puedas albergar." De hecho está diciendo: "No pongas la mira en las alturas de tu imaginación."

Una vez, Robert Louis Stevenson escribió: "Llegar es mejor que viajar esperanzadamente."[4] ¡Eso no está nada mal! O como expresa el refrán: "Más vale pájaro en mano que cien volando." Yo prefiero comerme un plato de frijoles que soñar con un filete de ternera; los sueños no llenan el estómago.

Permítame que me apresure a añadir que todavía necesitamos soñadores. Aunque yo prevendría a la gente contra el casarse precipitadamente con visionarios, aún tenemos necesidad de algunos de ellos. Personalmente estoy con la canción popular que dice: "No te enamores de un soñador; cada vez que lo hagas saldrás mal parada." Los soñadores tienen algo que los hace seguir diciendo: "Mañana sucederá." Sin embargo necesitamos sueños; éstos mantienen nuestra esperanza en los momentos difíciles, nos impiden darnos por vencidos.

¿Sabe usted dónde están los soñadores cuando se escala una montaña? Pues adelante, diciendo: "¡Vamos, muchachos!" Ahora bien, algunos de los de atrás no irían si no estuviesen atados; volverían a casa; por eso se necesita a algunos soñadores a la cabeza que expliquen a los demás cómo será la cosa, para mantener vivas sus esperanzas. Y así sucede en la vida. Sin embargo el problema surge cuando vivimos sólo en un mundo de ensueño y nos negamos a afrontar la realidad; de eso es de lo que habla Salomón. El dice: "Deshaz el nudo; deja de atarte a un sueño; no pienses que simplemente con imaginar ideas maravillosas de repente tu vida se convertirá en lo que te figuras. El soñar pone nuestra fantasía en una trayectoria de colisión lateral con la realidad; encara la verdad ineludible. . ." En otras palabras: "¡*Necesitas a Dios!*" De modo que ahora Salomón entra de nuevo en el marco de su autorretrato y habla desde el corazón de Dios haciendo tres observaciones:

Observaciones de Salomón

Para empezar, el monarca escribe: "Respecto de lo que es, ya ha mucho que tiene nombre. . ." (v. 10).

Su primera observación resulta ser por tanto: *Dios es so-*

berano. En el centro de las principales luchas de la vida se halla un tema teológico, la cual, formulada como pregunta expresa: ¿Controla Dios las cosas o no?

Si por alguna maravillosa fuerza celestial nos fuese otorgado escapar de esta tierra en nuestro estado presente y entrar en la gloria del cielo, no veríamos allí ninguna muestra de pánico; ni siquiera una vez escucharía usted decir a Dios cosas como: ¡Ay, me pregunto cómo vamos a resolver este problema!

¡Jamás! Ni tampoco contemplaríamos nunca un reflejo de ansiedad en el rostro del Dios viviente. Nos quedaríamos perplejos al ver lo tranquilo que está todo alrededor de su imponente trono. Como en cierta ocasión dijo un poeta:

> Hasta que el telar no esté en silencio,
> Y las lanzaderas hayan cesado de ir y venir,
> Dios no descorrerá su cortina
> Y explicará por qué. . .
> Las hebras obscuras son tan necesarias
> En las expertas manos del tejedor,
> Como aquellas de oro y escarlata
> En el modelo que El ha ideado.

En este lado de la gloria, vemos el tapiz por debajo, y está lleno de nudos, hilos torcidos y bordes deshilachados a los que les falta sentido y belleza; pero desde la perspectiva de Dios todo está bajo control.

Pero se lo advierto: cuando el "extraño" haga su incursión, usted dudará de esto; aunque no por ello será menos cierto. Dios es soberano y eso tiene una importancia primordial.

Salomón continúa su anotación de diario diciendo: "Y se sabe que es hombre. . ." (v. 10). Esta segunda observación significa: *La humanidad no es soberana.* Digámoslo de otra manera: Dios es el alfarero, y nosotros el barro; Dios es infinito, y nosotros finitos; Dios es todopoderoso, y nosotros estamos limitados en fuerza y habilidad; Dios es fiel, y nosotros infieles e inconstantes, irresponsables, fracturados, y muy a menudo confusos. El punto es claro: Los hombres podemos ser muchas cosas, pero no soberanos. ". . . Y que no puede contender con Aquel que es más poderoso que él. Ciertamente las muchas palabras multiplican la vanidad. ¿Qué más tiene el hombre?" (vv. 10, 11).

La tercera observación es: *Disputar constituye una pérdida de tiempo y de esfuerzo.* Como muy bien lo expresó C.S. Lewis: "Discutir con Dios es discutir con el mismo poder que hace posible el propio hecho de que discutimos."[5]

Estas observaciones son ilustradas también en otros elocuentes versículos del Antiguo Testamento. "¡Ay del que pleitea con su Hacedor! ¡el tiesto con los tiestos de la tierra! ¿Dirá el barro al que lo labra: ¿Qué haces?; o tu obra: No tienes manos? ¡Ay del que dice al padre: ¿Por qué engendraste? y a la mujer: ¿Por qué me diste a luz? Así dice Jehová, el Santo de Israel, y su Formador: Preguntadme de las cosas por venir; mandadme acerca de mis hijos, y acerca de la obra de mis manos. Yo hice la tierra, y creé sobre ella al hombre. Yo, mis manos, extendieron los cielos, y a todo su ejército mandé" (Isaías 45:9-12).

Está claro que Dios es soberano, y nosotros no; el disputar con El constituye una pérdida de tiempo. Dios hace exactamente lo que quiere.

Considere ahora Daniel 4:35: "Todos los habitantes de la tierra son considerados como nada; y él hace según su voluntad en el ejército del cielo, y en los habitantes de la tierra, y no hay quien detenga su mano, y le diga: ¿Qué haces?"

Hace muchos años descubrí este versículo cuando estaba terminando mi tiempo de servicio antes de graduarme como pastor, y fue la mayor verdad que Dios me reveló aquel verano. Cuando me convencí de la soberanía de Dios, cesó mi lucha. ¡Fue magnífico! Me era imposible escapar de esta declaración del Antiguo Testamento.

Me pregunto cuántas veces habrán pronunciado palabras de discusión junto a la tumba aquellas personas que han perdido a un ser querido; con qué frecuencia dichas palabras habrán salido de la boca de alguien que deja el hospital; cuán a menudo las habrán dicho volviendo a casa de la consulta del médico, o después de descubrir defectos de nacimiento en sus hijos. "¿Señor, ¿qué has hecho?"

Y la respuesta es: "He hecho mi voluntad", vea cómo lo expresa Salomón: "Respecto de lo que es, ya ha mucho que tiene nombre, y se sabe que es hombre y que no puede contender con Aquel que es más poderoso que él" (Eclesiastés 6:10).

Esta es la cuestión pura y simple: Disputar constituye una pérdida de tiempo y de esfuerzo.

Mientras yo luche contra la mano de Dios no aprenderé las lecciones que El está tratando de enseñarme; todo lo que acontece viene de la mano de mi Padre celestial, quien sigue amándome, manteniendo el control de mi vida y siendo plenamente responsable de mi existencia como lo es de la de todas sus criaturas. ¡Por eso es Dios!

Lo ánimo a usted que resuelva esta cuestión de una vez por todas; acéptelo; reconozca y confiese lo inútil que es luchar contra la mano soberana de Dios. Esa es una de las causas más importantes que han reducido mi nivel de ansiedad en el ministerio. Cuando vuelvo a ponerme ansioso es generalmente porque el tamaño de la humanidad ha alcanzado mayores proporciones que el de mi Dios; la dimensión horizontal ha eclipsado la vertical, y momentáneamente he perdido de vista al que esta sentado en el trono. Incluso un hombre inteligente y voluntarioso como Salomón tuvo que admitir su incapacidad para luchar con el Dios viviente y vencerlo.

UN VISTAZO A NUESTRO PROPIO RETRATO

El objetivo principal de este libro no es simplemente que aprendamos un montón de hechos acerca de Salomón; sino capacitarnos para que nos veamos a nosotros mismos mejor a través de su consejo, comprendamos más la vida y la manera de enfrentarnos a ella, y nos reconciliemos con la realidad. Por tanto, con este objetivo en mente consideremos un par de preguntas: la primera tiene que ver con la vida actual; la segunda con el futuro. Ambas preguntas se hallan en esta declaración final: "Porque ¿quién sabe cuál es el bien del hombre en la vida, todos los días de la vida de su vanidad, los cuales él pasa como sombra? Porque ¿quién enseñará al hombre qué será después de él debajo del sol?" (v. 12).

Considere esa primera frase: "¿Quién sabe cuál es el bien del hombre en la vida?"

Pregunta 1: *¿Parece inútil la vida?* Todos hemos luchado con este tema. Quizá hasta usted haya oído decir a algún joven: "Yo he orado: Señor si pudiera ir con esa encantadora mujer sería el individuo más feliz de la tierra; si pudiera *casarme* con ella sería doblemente dichoso." A continuación se conocen y contraen matrimonio; pero después de algunos años, ese mismo hombre está orando: "Señor, ¡si pudiera librarme de esta mujer sería el individuo más feliz de la tierra!"

Nos reímos de esto, pero en el fondo nosotros mismos hemos dicho cosas parecidas: "Quiero tal cosa; si pudiera tenerla eso me proporcionaría verdadero contentamiento." Pero una vez que la hemos conseguido, descubrimos que no satisface; que no estamos mejor; la inutilidad vuelve a asomar su cabeza.

"Si pudiera trabajar para esa compañía; si pudiera vivir allí; si pudiera ganar tanto; si pudiera poseer una de aquellas. . . ." Pero la verdad ineludible es que ninguna de esas condiciones nos proporciona lo que estamos buscando; entonces disputamos con Dios, quien benignamente nos soporta en nuestro viaje circular y expresa: "Estoy trabajando en tu vida, no luches conmigo."

Pregunta 2: *¿Tiene usted miedo al futuro?* ¿Quién sabe lo que nos deparará dicho futuro? "Porque ¿quién sabe cuál es el bien del hombre en la vida, todos los días de la vida de su vanidad, los cuales él pasa como sombra?. . ."

Un comentario bastante bueno ¿no le parece?

A veces el paso rápido del tiempo nos toma desprevenidos por completo: estamos viviendo nuestra existencia de una forma bastante corriente y predecible, cuando de repente la vida se nos acelera.

Cierta mañana yo estaba haciéndole el desayuno a mi hijo pequeño Chuck, mientras él se preparaba para ir a la escuela. Cuando "luchaba" con el tocino y las tortas, lo oí gritar desde el otro lado de la sala:

—¡Oye, papi! ¡Estaba pensando que dentro de sólo ocho años tú tendrás cincuenta y ocho, yo me casaré con alguna belleza y mamá y tú se quedarán solos!

No había habido ningún aviso previo; era un comentario totalmente inesperado, y sentí el impulso de echar las tortas, el tocino, la jalea y la leche dentro de la batidora, servirlo todo rápido y decirle: "¡Aquí tienes! ¡Come! ¡Eso le dará a tu boca algo en qué ocuparse!"

Ocho años pasaron por mi mente en un pequeño paquete, y estuve sopesando su comentario durante varias horas. Tal vez Chuck tenga razón; o quizá la vida no vaya a ser como él dijo que sería. ¿Quién sabe siquiera si yo *estaré* aquí dentro de ocho años? ¿Hay alguien que pueda decir con seguridad que todavía lo tendremos a *él* pasado ese tiempo? ¿O que él se casará con alguna belleza? (Más tarde le mencioné estas cosas a Chuck.) ¿Es posible saber siquiera si vivirá aún alguno de nosotros en mi casa? ¿O si yo tendré todavía a mi esposa, o ella a mí? La muerte no anuncia su llegada; y ¿quién sabe lo que podrá hacer a nuestra familia?

El otro día, mientras estaba sentado leyendo la última parte del Sermón del Monte, me sentí intrigado. Como usted recordará, Jesús compara a la gente que lo escuchaba con casas; algunos de ellos construirían su vida sobre la arena y otros sobre la roca firme (Mateo 7:24–27). Les dice que aquellos que lo escuchen y *no actúen* consecuentemente con lo que oyen, serán como casas edificadas sobre la arena; mientras que los que lo hagan se asemejarán a casas construidas sobre la roca.

Puesto que todos ellos escuchan lo mismo, la diferencia no está en el oír, sino en el actuar. Por tanto, cuando llega la tormenta, el que una casa caiga y la otra permanezca firme se debe simple y específicamente a la reacción.

¿Le parece a usted su vida bastante inútil? Si ese es el caso no se trata en realidad de nada de lo que deba avergonzarse: Dios nos hizo así. El barro no puede modelarse a sí mismo, necesita un alfarero; ni los óleos llenos de colorida tampoco pueden pintarse solos, esos óleos precisan de un artista, un pintor realista que nos diga la verdad.

¿Está su casa edificada sobre la roca, o sobre la arena? Según sea esa respuesta así será también aquella otra referente a su futuro. ¿Está usted listo para ir al encuentro del Dios vivo? Sin importar cuánto tiempo le quede de vida —ya sean ocho años u ocho meses—, el cimiento de su existencia debe estar sobre la roca sólida, o *tendrá* una vida inútil. Lo insto a que no acabe este capítulo y siga adelante precipitadamente, pensando en que el fin definitivo del presente libro es su lectura. Eso no es cierto: su propósito es que se ponga en práctica la verdad que se lee. ¿Recuerda usted lo que dijo Jesús acerca de la gente que construye vidas fuertes como las rocas? ¿Cómo lo hacen? *Reaccionando* correctamente a la verdad; obrando en consecuencia con la misma.

No importa donde se encuentre usted, Jesucristo (la Roca) está dispuesto a hacerse cargo de cimentar la casa suya . El, personalmente, quitará toda la arena y la sustituirá por su propia Persona; lo tomará a usted exactamente como es —finito, agitado, discutidor, quebrantado, fragmentado, desilusionado, confundido y pecaminoso— y lo convertirá en lo que debería ser.

Probablemente a usted no le queden muchos años de vida, pero éstos no tienen por qué ser inútiles.

Busque la continuación de este estudio con el título: *Palabras sabias para gente ocupada*.

NOTAS

Capítulo 1. Diario de un viajero desesperado

1. William Least Heat Moon, *Blue Highways: A Journey into America* (Boston: Little, Brown and Company, 1982), 5.
2. Dr. James Dobson, *¡Esto es ser hombre!*, Editorial Mundo Hispano.

Capítulo 2. Persiguiendo el viento

1. Tomado de *Jesus Rediscovered* (p. 11), Malcolm Muggeridge. Copyright © 1969 por Malcolm Muggeridge. Reproducido con el permiso de Doubleday & Co., Inc.
2. David Allan Hubbard, *Beyond Futility* (Grand Rapids, MI, EE.UU.: William B. Eerdmans Publishing Company, 1976), 13–14. Se usa con permiso.
3. Hugh Prather, *Notes to Myself* (Nueva York, EE.UU.: Bantam Books, Inc., 1976).
4. Richard Eder, reseña de *Lost in the Cosmos: The Last Self-Help Book*, por Walker Percy, *Los Angeles Times*, 5 de junio de 1983.

Capítulo 3. Come, bebe y... ¿qué más?

1. Billy Graham, *El mundo en llamas* (Casa Bautista de Publicaciones).
2. H.C. Leupold, *Exposition of Ecclesiastes* (Grand Rapids, MI, EE.UU.: Baker Book House, 1952), 59.
3. Pitirim Sorokin, *The American Sex Revolution* (Boston, EE.UU.: Porter Sargent Publisher, 1956), 17–19.
4. Leupold, *Exposition of Ecclesiastes*, 60.
5. Hubbard, *Beyond Futility*, 33–35.
6. E.A. Robinson, "Richard Cory" (1897).

Capítulo 4. Más kilómetros por mal camino

1. Ralph Barton. Citado por Denis Alexander en *Beyond Science* según fue publicado por Lion Publishing, Copyright 1972, p. 123.
2. Hubbard, *Beyond Futility*, 39-40.
3. *Los Angeles Times*, 10 de junio de 1983. Copyright 1983, *Los Angeles Times*. Reproducido con permiso.
4. Tomado de la revista *Newsweek*, 25 de septiembre de 1972. Copyright 1972, por Newsweek, Inc. Todos los derechos reservados. Reproducido con permiso.
5. Usado con permiso.

Capítulo 5. ¿Sabe usted en qué tiempo está?

1. Isaac Watts, "O God, Our Help."
2. William James, *Quote Unquote*, Lloyd Cory, ed. (Wheaton, IL, EE. UU.: Victor Books, 1977), 181.
3. C.S. Lewis, *The Problem of Pain* (Londres, G.B.: Collins Publishers, 1962), 93.
4. Malcolm Muggeridge, *A Twentieth Century Testimony* (Nashville, EE.UU.: Thomas Nelson, Inc., Publishers, 1978), 18.
5. Tomado de *Spiritual Leadership*, J. Oswald Sanders, copyright © 1967, 1980, Moody Press. Moody Bible Institute of Chicago. Usado con permiso.
6. Tomado de "Sunrise, Sunset" (Jerry Bock, Sheldon Harnick). Copyright © 1964 Alley Music Corp. and Trio Music Co. Inc. Todos los derechos administrados por Hudson Bay Music Inc. Usado con permiso. Todos los derechos reservados.
7. *Los Angeles Times*, 9 de noviembre de 1984. Copyright 1983, *Los Angeles Times*. Reproducido con permiso.
8. Reproducido con permiso de *The Wall Street Journal*, © Dow Jones & Company, Inc., 1983. Todos los derechos reservados.
9. Ibid.
10. Ibid.
11. "In His Time", Diane Ball, copyright © 1978 Maranatha! Music. Según la grabación de los Maranatha! Singers en el

álbum *Praise 4*. Todos los derechos reservados. Copyright internacional asegurado. Se usa sólo con permiso.
12. Tomado de "God's Trombones", James Weldon Johnson. Copyright © 1927 por Viking Press Inc. Copyright renovado en 1955 por Grace Nail Johnson. Se reproduce con el permiso de Viking Penguin, Inc.

Capítulo 7. Confesiones de un cínico

1. Tom Sullivan, citado en un discurso que se dio en la Conferencia Anual de la "Millón Dollar Round Table" en 1983.
2. Charles W. Colson, *Amando a Dios* (Centro de Literatura Cristiana, Colombia)

Capítulo 9. Uno más uno igual a supervivencia

1. Charles R. Swindoll, *¡Baje la guardia!* (Editorial Betania, 1987).
2. Dinah Maria Mulock Craik, "Friendship".
3. David W. Smith, *The Friendless American Male* (Ventura, CA, EE.UU.: Regal Books, 1983), 96.

Capítulo 10. Lo que todo adorador debería recordar

1. Thomas J. Peters y Robert H. Waterman, hijo, *In Search of Excellence* (Nueva York, EE.UU.: Harper & Row, Publishers, 1982), 13.
2. Kidner, *The Message of Ecclesiastes*, 53.
3. John White, *The Fight: A Practical Handbook to Christian Living* (Downers Grove, IL: InterVarsity Press, 1978), 32.
4. Hubbard, *Beyond Futility*, 70, 71.

Capítulo 11. Unas palabras dirigidas al loco por el dinero

1. G. Frederick Owen, *Abraham to Middle East Crisis* (Grand Rapids, MI, EE.UU.: William B. Eerdmans Publishing Company, 1957), 56.
2. Kidner, *The Message of Ecclesiastes*, 54.
3. William McDonald, *Chasing the Wind*, Moody Press, copyright 1975, 47.
4. Reproducido con permiso de *The Friendship Factor*, pp. 20,

21, Alan Loy McGinnis, copyright Augsburg Publishing House.

Capítulo 12. Los cortos años de una vida inútil

1. Reproducido con permiso de Schocken Books, Inc., de *Cuando las cosas malas le pasan a la gente buena...*, Harold S. Kushner. Copyright © 1987 por Editorial Diana, Mexico.
2. Ibid., 148.
3. Ibid.
4. Robert Louis Stevenson, *Virginibus Puerisque, III: An Apology for Idlers.*
5. Lewis, *The Problem of Pain.*

www.ingramcontent.com/pod-product-compliance
Lightning Source LLC
LaVergne TN
LVHW030634080426
835508LV00023B/3352